PASSEZ À L'ACTION !

Leduc s'engage pour une fabrication écoresponsable !
« Des livres pour mieux vivre », c'est la devise de notre maison. Et vivre mieux, c'est vivre en impactant positivement le monde qui nous entoure ! C'est pourquoi nous avons fait le choix de l'écoresponsabilité. Un livre écoresponsable, c'est une impression respectueuse de l'environnement, un papier issu de forêts gérées durablement (papier FSC® ou PEFC), un nombre de kilomètres limité avant d'arriver dans vos mains (90 % de nos livres sont imprimés en Europe, et 40 % en France), un format optimisé pour éviter la gâche papier et un tirage ajusté pour minimiser le pilon ! Pour en savoir plus, rendez-vous sur notre site.

éditeur écoresponsable

Titre original : *Just F*cking Do It*

Première publication au Royaume-Uni par John Murray Learning, une marque de John Murray Press. Une maison du groupe Hachette.

Correction : Audrey Peuportier
Maquette : Laurie Baum
Design de couverture : Constance Clavel

10, place des Cinq-Martyrs-du-Lycée-Buffon
75015 Paris – France
ISBN : 979-10-285-2801-0

NOOR HIBBERT

PASSEZ À L'ACTION !

COMMENT VOIR GRAND POUR TRANSFORMER RADICALEMENT SA VIE !

Traduit de l'anglais par Christophe Billon

LEDUC

J'aimerais tout d'abord dédier cet ouvrage à mes trois magnifiques filles Layla-Rose, Safia-Lily et Amira-Jasmine.

S'il y a bien quelque chose que je vous souhaite dans la vie, les filles, c'est d'avoir des rêves immenses qui dépassent l'entendement et de tout faire pour qu'ils se concrétisent. Vous m'avez donné le feu sacré et je vous suis extrêmement reconnaissante de m'avoir choisie pour mère. Chaque cellule de mon être vous aime plus que tout.

Je dédie également ce livre à mon incroyable mère, qui est la quintessence et l'incarnation du mantra « Passez à l'action ! » dans tous les sens du terme. Merci pour ton amour et ton soutien indéfectibles et pour m'avoir montré comment tout faire pour assouvir mes désirs.

Sommaire

1

Le bon, le mauvais et le franchement laid

C'est votre vie ! Faites en sorte qu'elle soit merveilleuse !

Vous avez probablement choisi ce livre, car une petite voix vous a murmuré à l'oreille que vous méritiez mieux, et une partie de votre être souhaite être plus heureuse. Beaucoup plus heureuse, même. Si nous détaillons les raisons pour lesquelles nous faisons toutes ces choses dans notre vie, elles nous ramènent au désir de nous sentir heureux. Nous voulons un emploi que nous apprécions afin d'être heureux, un partenaire de vie qui sache faire notre bonheur, un corps que nous aimons afin de pouvoir être comblé lorsque nous nous regardons dans le miroir et vivre des choses qui nous enchantent. Le bonheur nous fait nous sentir bien, et se sentir bien est l'objectif de la majeure partie des humains.

La plupart des personnes avec qui j'échange ne ressentent pas le degré de bonheur que nous méritons tous d'éprouver à mes yeux, car elles savent en leur for intérieur qu'elles pourraient être bien plus satisfaites. Je suis persuadée que nous avons atterri sur cette planète pour faire des choses extraordinaires, être comblés et assouvir tous nos désirs. Nous sommes tous destinés à vivre notre version d'un film de rockstar hollywoodienne dont nous serions la vedette. Mais quelque part entre la naissance et l'âge adulte, bon nombre d'entre nous se sont retrouvés dans un rêve d'une tout autre nature. Si votre emploi vous barbe littéralement, que vous êtes fauché, que vous avez des affections qui ne disparaîtront pas, que vous êtes dans une relation qui vous épuise émotionnellement ou que vous avez le sentiment que votre existence est une perte de temps qui ne rime à rien, laissez-moi vous dire, cher lecteur, que vous ne vivez pas la vie qu'il faut et que nous devons changer cela – ensemble.

Tournée vers moi-même

Alors, qui suis-je et pourquoi faudrait-il que vous perdiez quelques heures de votre temps si précieux en ma compagnie ? Je suis une coach qui s'attache à changer les états d'esprit. Mon but est d'aider les gens à transformer leurs vies personnelle et professionnelle afin qu'ils puissent devenir heureux sans vergogne en connaissant la satisfaction dans tous les domaines. Eh oui, il est possible d'être comblé à tout point de vue. Vous pouvez avoir une vocation qui vous enthousiasme, une relation amoureuse épanouissante, un corps dans lequel vous vous sentez merveilleusement bien, et même une santé financière que vous pensez réservée à « l'autre moitié » de votre existence. Vous pouvez avoir le beurre et l'argent du beurre, et ma mission est d'aider les gens à avoir plus conscience des choses, à arrêter de vivre sur pilote automatique et à fabriquer le meilleur des beurres, qu'ils pourront ensuite manger à la cuillère.

Je suis une fille et une maman des plus normales, avec trois jolis êtres humains incroyables qui ont précipité ma décision d'opérer des changements dans mon existence. J'adore traîner en tenue de sport (même si je ne me trouve pas proche d'une salle de sport ou que je n'ai pas l'intention de m'y rendre), je suis accro à la méditation, je suis végan et j'adore les voyages. J'ai étudié la psychologie à l'université, j'ai un DEA de coaching d'entreprise et un autre de psychologie du coaching. Le fonctionnement de l'esprit humain et les arcanes du comportement humain, souvent dingue, m'obsèdent.

J'ai écrit ce livre afin qu'il provoque un déclic en vous et afin de vous proposer un nouveau point de vue sur cette existence dépourvue de limites et pleine d'opportunités qu'il est possible de saisir. Je souhaite vous permettre de transformer votre mode de pensée et vous faire comprendre que, quelle que soit votre situation actuelle, vous avez le pouvoir de la modifier délibérément et comme vous l'entendez. Ce livre est destiné à vous aider à faire le nécessaire pour poursuivre et concrétiser vos rêves – réaliser ces choses qui finiront par vous rendre… heureux.

Voilà pourquoi vous avez acheté ce livre – parce que, soit vous avez parfaitement conscience de ne pas exploiter pleinement votre potentiel, soit vous paraissez bien sur le papier, mais avez le sentiment d'être un imposteur. Vous vivez peut-être une existence dont vous savez qu'elle n'est pas faite pour vous ou vous n'affichez pas le visage de la personne authentique à 100 % que vous savez pouvoir devenir. Quelle que soit la raison, vous vous sentez capable de vivre mieux et désirez apprendre à faire le nécessaire pour y parvenir. Je souhaite que ce livre soit la marque de soutien que vous attendiez et le coup de pied aux fesses attendu. Le moment est venu de faire le nécessaire et d'effectuer les changements qui s'imposent, quels qu'ils soient.

J'ai bien conscience qu'il existe des tonnes d'ouvrages de développement personnel – flûte, j'en possède tout un tas ; mais celui-ci est différent. Mes clients dépensent beaucoup d'argent pour travailler directement avec moi, et je sais pertinemment que tout le monde n'a pas le budget nécessaire. Ce livre est donc votre chance pour que je vous tienne la main, dans la perspective de décrocher tous les succès rêvés, et pour le modeste prix de quelques cafés, moins les calories. Ce livre n'est pas simplement théorique, mais également pratique. Il vous permettra de changer vos habitudes, de vous bouger les fesses, de mettre en place des rituels et de creuser en sortant de votre zone de confort – eh oui, qui a dit que le changement était un jeu d'enfant ?

Jouons cartes sur table : j'ai fait ma part du boulot en recueillant sur le terrain tous les éléments présents dans ce livre ! J'ai passé des heures et des heures à parler avec des coachs, j'ai parcouru un nombre ahurissant de kilomètres en avion, aux quatre coins de la planète, pour participer à des séminaires, au cours desquels j'ai pris dans mes bras un nombre anormal d'inconnus, j'ai acheté plus de livres audio de développement personnel que ne peut en contenir mon téléphone, et tout cela dans le but de réaliser le type de changement que je m'apprête à partager avec vous. Je vous promets solennellement de vous guider pas à pas dans un périple bouleversant de découverte de soi et de transformation personnelle, afin de vous aider à être, faire et avoir ce que vous souhaitez. C'est un *amen* que j'entends de votre bouche ?

Je sais que ce que je vais vous enseigner est assez impressionnant, car je poursuis encore moi-même aujourd'hui ce périple. Vous vous demandez peut-être comment une fille du Moyen-Orient appartenant à la classe moyenne et provenant d'un quartier aisé de Londres peut être habilitée à parler de souffrance et de bonheur. Après tout, mes frères et sœurs et moi avons vécu dans une jolie maison, fréquenté des écoles privées, avec des parents ayant tous deux un bon emploi. Mais intérieurement, j'ai vécu cette existence très différemment.

Je vais vous faire un petit topo sur ma famille et mon enfance afin que vous puissiez cerner mes origines. Mon père est irakien, croyant et nous a gratifiés d'une éducation assez traditionnelle. Il était très strict, se mettait très facilement en rogne et faisait tout pour nous protéger des périls du monde occidental qu'étaient le sexe, la drogue et le rock and roll. Si nous avions respecté ses principes, nous n'aurions pas regardé des films interdits aux moins de 12 ans avant l'âge de 18 ans et nous aurions banni les films interdits aux moins de 18 ans jusqu'à notre mort. Dieu nous interdisait de voir deux êtres humains en train de s'embrasser, car cela aurait été la fin du monde !

Avocat, mon père ne comptait pas ses heures, avait un mal fou à témoigner la moindre affection à ses enfants et une vie de couple tumultueuse avec ma mère. Elle était son exact contraire à tous égards. Elle nous exfiltrait vers le McDonald's pour nous offrir un repas non halal, nous laissait porter secrètement des tenues que détestait mon père et regarder des films qui étaient interdits lorsqu'il ne se trouvait pas dans les parages. Ma mère est une Iranienne à l'attitude très occidentale qui appelait tout le monde « Chéri(e) ! », ce qui insupportait au plus haut point mon père. Résultat, étant enfants, nous avons vécu sur une zone de guerre ayant débouché sur un divorce. Je me suis brouillée avec mon père et cela a duré de nombreuses années, mais l'absence d'une référence masculine forte dans ma vie m'a toujours pesé, même si notre relation a été tendue au départ. J'aimais mon père, mais je ne l'ai jamais compris, tout comme sa vision de l'existence.

À l'âge de 4 ans, j'ai pour la première fois pris cruellement conscience que je me sentais différente. Quand je dis différente, j'entends par là, pas totalement blanche et avec un nom que personne n'arrivait à prononcer correctement. À l'école, je me trouvais dans l'aire de jeu lorsqu'une petite fille s'est avancée hardiment vers moi et m'a demandé pourquoi mes sourcils étaient si broussailleux et pourquoi j'étais si laide. Aïe ! Je n'ai pas su quoi lui répondre, mais j'ai passé le restant de la journée à scruter les sourcils de tous les écoliers. Les miens se rejoignaient en effet au centre et je me suis alors rendu compte que j'étais différente. Je suis rentrée à la maison, j'ai pleuré, rejeté la faute sur mes parents et porté le fardeau de ces sourcils broussailleux jusqu'à l'âge de 11 ans et ce jour fatidique où j'ai pris une pince à épiler et entamé ce que l'on pourrait qualifier de massacre de sourcils. Si les sourcils fins étaient à la mode à la fin des années 1990, j'avais une allure atroce et ma pauvre mère a failli faire une crise cardiaque.

Et, pour couronner le tout, j'ai passé la majeure partie de mon début d'adolescence à me faire harceler, à me sentir mise de côté et à ne pas trouver ma place. Je souhaitais changer de couleur de cheveux, de prénom, de parents et être tout simplement « ordinaire ». Je ressentais une souffrance intérieure que je ne parvenais pas à faire passer, et à l'âge de 16 ans, je me suis retrouvée sous Prozac®, à boire du Malibu, que je planquais sous mon lit, afin de me sentir normale, et à essayer de me faire gentiment du mal (je n'aimais pas tant que ça la souffrance). Je peux donc vous dire que je connais ce sentiment d'avoir le moral dans les chaussettes, d'être perturbée et de se répéter sans cesse : « Est-ce que la vie est toujours aussi difficile ? »

À l'âge de 20 ans, j'avais déjà vécu plusieurs ruptures amoureuses déchirantes, je connaissais l'angoisse associée au franchissement de ce champ de mines qu'était le divorce de mes parents, puis à l'adaptation à une vie universitaire parsemée de hauts et de bas. Je connaissais mieux que quiconque les arcanes de la victimisation et mon état par défaut était « dramatique ». J'avais du mal à trouver ma place au sein de ma famille, de mes amis et de l'existence, et à vivre des relations amoureuses qui ne me rendent pas dingue. Lorsque votre vision idyllique du monde est aux antipodes de la réalité, la dépression vous gagne. Lorsque vous luttez constamment pour vous accepter telle que vous êtes, l'anxiété vous gagne. Lorsque vous ne savez pas quel sens donner à votre vie et que vous ne vous acceptez pas, des maux physiques font leur apparition. J'avais honte de moi, car je n'étais pas populaire, mince ou douée pour les études. Je me sentais différente et cela me minait. Pourquoi étais-je incapable de trouver ma place ?

Sincèrement, même après avoir rectifié certains de mes défauts, j'ai passé une grande partie de mon temps entre 20 et 30 ans à m'interroger sur mon but dans la vie et la façon de me bouger les fesses afin de connaître le bonheur et de devenir l'héroïne de mon propre film hollywoodien. Si vous pouviez jeter un œil aujourd'hui à mes photos Facebook de l'époque, vous verriez une fille qui passait le plus clair de son temps à se soûler et à avoir la gueule de bois. Une fille qui cherchait le réconfort dans les drogues dures et se rebellait contre tous les principes qu'on lui avait inculqués étant plus jeune. Vous verriez une fille embarquée dans un périple sans fin destiné à trouver le bon mec, mais tout en rejouant sans cesse de manière désastreuse *Comment se faire larguer en dix leçons.* (J'adore ce film !)

Permettez-moi donc de vous dire que j'ai peut-être les « diplômes » nécessaires pour vous aider à vous en sortir, mais que j'ai également franchi avec exubérance tous les stades (parfois plutôt douloureux) de l'école de la vie. Et j'en porte d'ailleurs toutes les cicatrices. La première chose que je souhaiterais vous dire, c'est que, quelle que soit votre situation aujourd'hui, en ce moment même, elle sera différente dans une semaine, un mois ou un an. J'ai levé le voile sur un secret qui a changé la donne de manière spectaculaire pour moi. Ce secret m'a permis de passer de 138 livres par semaine d'allocation de maternité à un gain annuel à six chiffres, ce qui m'a offert la liberté de voyager où je souhaitais, d'inscrire mes enfants dans les meilleures écoles, d'investir dans l'immobilier, et même de permettre à mon mari de quitter son emploi. Grâce à ce secret, je me suis façonné le corps dont j'avais toujours rêvé, j'ai construit une vie de couple qui m'enchante et des relations avec mes enfants qui se bonifient chaque jour. Je suis également parvenue à cultiver une relation authentique et pleine d'amour avec mes parents, qui m'acceptent totalement, ainsi que mes choix et mon mode de vie. Je n'avais jamais imaginé pouvoir dire cela lorsque j'étais plus jeune, mais aujourd'hui, mon père est l'un de mes meilleurs amis et fidèles soutiens, et je suis en mesure d'être totalement moi-même. En somme, je suis une sacrée veinarde.

Mais au-delà de ça, ce secret m'a aidée à connaître le bonheur. Pas un bonheur de « réseaux sociaux », mais un *véritable* bonheur. À me retrouver allongée au lit, animée d'une gratitude, dont je n'ai pas honte, pour tout le bonheur que je ressens. J'ai arrêté de me soucier de ce que tout le monde attendait de moi. J'ai arrêté de vouloir faire plaisir aux autres et entrer dans le moule. J'ai arrêté de me concentrer sur ce qu'avaient les autres que je n'avais pas, et j'ai commencé à me bâtir une existence sans doute égoïstement tournée vers moi-même. Et je me suis servie de ce secret pour aider mes clients du monde entier à changer radicalement de vie.

Et je vais maintenant vous révéler ce secret dans les pages qui suivent.

Tourné vers vous-même

En tant que dépressive convalescente, anxieuse, bucheuse et reine du drame assumée, je suis parfaitement en mesure de vous démontrer qu'il existe un moyen de transformer votre vie. Et je vais vous aider à prendre les mesures nécessaires. Je sais que ce n'est pas une sinécure, mais je souhaite remplir ma mission, car, si j'ai été capable de changer mon histoire, vous pouvez également le faire. Vous en avez le pouvoir. Si vous n'aimez pas votre histoire, il est sacrément temps de la réécrire. Je désire également préciser que vous n'avez pas besoin d'attendre que votre existence vous étrangle et que vous vous retrouviez au sol à vous noyer dans vos propres larmes pour effectuer des changements. Le moment est venu de vous y mettre.

Je vais vous révéler mon secret : changer de vie passe d'abord par un changement d'état d'esprit. Vous avez peut-être entendu cela des millions de fois et considéré qu'il s'agissait de véritables inepties, à moins que ce soit une découverte pour vous. Mais quel que soit le camp auquel vous appartenez, vous devez l'écouter (de nouveau).

Mais prenez garde : *il n'est ni simple ni facile de changer d'état d'esprit.* En fait, j'irais même jusqu'à dire que c'est une des choses les plus difficiles pour la plupart des humains, ce qui explique que notre planète regorge de bien trop de personnes ayant le sentiment d'être dans une impasse et même désespérées. Dès la naissance, nous voici propulsés dans un univers qui nous impose des pensées, des idées et des expériences nous amenant à bâtir un ensemble de croyances sur le monde dans lequel nous vivons. Les croyances sont essentiellement les principes directeurs offrant une orientation et un sens à notre vie. Les croyances sont les filtres prédéfinis de notre perception du monde. Les croyances sont comme des « ordres internes » donnés au cerveau pour qu'il se représente les événements qui se produisent, lorsque nous considérons quelque chose comme étant vrai.

Dès l'enfance, nous devenons des éponges qui s'imprègnent de *tout* – le génial, le bon, le mauvais et le franchement laid. Si nos parents sont sur la paille et ont des soucis financiers, nous commençons à bâtir des croyances sur le sujet. Si nos parents nous témoignent leur amour et que nous évoluons dans un foyer aimant et amusant, nous développerons des croyances en la matière. Si vos parents se disputent en permanence, vous aurez une certaine perception de votre monde à cause de cela. Nous sommes conditionnés par ce que nous avons vécu pendant l'enfance et percevons donc le monde d'une certaine manière. Tout cela détermine notre vision du monde.

Notre cerveau renferme de nombreuses pièces, mais il est deux éléments qu'il faut absolument connaître et saisir. Nous avons un esprit conscient et un esprit inconscient. Et c'est en grande partie notre inconscient qui mène la danse, sur la base, comme indiqué précédemment, de tout ce qui s'est passé quand nous étions enfant. C'est ce modèle implanté dans notre cerveau qui va guider nos pensées et orienter nos actions une fois adultes. Sur le plan psychologique, nous devons modifier ce modèle afin de nous assurer qu'il nous servira à connaître le succès et à atteindre le bonheur dans tous les domaines. Et modifier l'inconscient demande du travail et peut s'avérer, en toute franchise, aussi douloureux que vous faire épiler les parties intimes.

La plupart d'entre nous ont le sentiment de ne pas contrôler leur destin, car leur modèle a été façonné par leurs parents, leurs enseignants, leur culture, le gouvernement et les médias. À la naissance, nous héritons de toute une palette de belles couleurs nous permettant de peindre la vie la plus incroyablement active. Et pourtant, au fil des ans, nous sommes conditionnés à croire que l'existence est une chaîne sans fin consistant à manger, dormir, travailler. La plupart d'entre nous finissent par croire que la vie est limitée. Ce qui est tragique, c'est qu'au lieu de nous voir comme les artistes brillants que nous sommes et de nous comporter en conséquence, nous devenons les victimes de notre propre histoire. À chaque fois que nous cédons à la peur et au manque, nous abandonnons une couleur de notre palette, et notre potentiel de peintre, qui nous permettrait de créer une toile incroyable représentant notre vie, se retrouve altéré. Voilà pourquoi tant de personnes ne sont pas épanouies et ont le sentiment de vivre une existence… beige. Nous avons essentiellement oublié qui nous sommes réellement.

La plupart des gens avec qui j'échange tiennent le même discours. Ils ne se sentent pas épanouis, comme s'ils avaient un sentiment d'échec et ne savaient pas quel chemin emprunter. Pour la majeure partie, leur existence manque de passion, de raison d'être et de dynamisme parce que leur palette de couleurs ne dispose pas des ressources nécessaires pour peindre un tableau véritablement joli. Nombre d'entre nous croient à l'histoire selon laquelle il est difficile de gagner de l'argent, il faut rechercher une vie « confortable » et être heureux de ce que nous avons, sans en vouloir plus. Nous avons dans l'idée que la vie est faite pour travailler et que les rêves sont pour les idiots. Nous sommes persuadés que l'amour et la réussite n'existent qu'en quantité limitée et que nous ferions bien d'enfiler nos gants de boxe pour les acquérir. Nous adhérons à des croyances auto-handicapantes disant « Qui suis-je pour être comblé ? ».

Les gens travaillent dur cinq jours sur sept pour se payer les objets qui leur apporteront, selon eux, le bonheur et qu'ils considèrent comme l'illustration du succès. Une fois ces objets en leur possession, ils s'aperçoivent qu'ils ne sont pas satisfaits et s'endettent alors afin de s'acheter d'autres biens et combler le vide, puis se réveillent chaque matin avec le sentiment de n'avoir toujours pas trouvé le bonheur… et plus pauvres encore que la veille. Et le cycle se reproduit inlassablement.

Une excellente illustration de ce phénomène est le nombre incalculable de célébrités qui finissent alcooliques et toxicomanes.

Je me souviens m'être toujours dit : « Comment peuvent-ils être dépressifs, ils sont pleins aux as ?! » Comme le dit de manière poignante Russell Brand dans son ouvrage *Rédemption d'un con : Comment se libérer de nos addictions* : « On nous a appris qu'être libres, c'était pouvoir satisfaire nos petits et misérables désirs. La vraie liberté, c'est nous libérer de nos petits et misérables désirs. » En effectuant mon périple dans l'univers du développement personnel, j'ai pris conscience que le succès et le bonheur ne s'obtiennent pas seulement en gagnant de l'argent et en faisant l'acquisition d'objets – c'est une démarche bien plus profonde que la plupart d'entre nous ne se donnent pas la peine de mener à bien dans notre monde occidental moderne et trépidant.

Désireuse d'exprimer très clairement toutes les notions que renferme le présent ouvrage, je souhaite décomposer quelques éléments, ainsi qu'expliquer la signification que je leur donne et les raisons pour lesquelles je les juge cruciaux. Je vous dirai ce que j'entends par « parler psychologie » afin que vous puissiez cerner les notions abordées. J'expliquerai ces concepts et vous dirai pourquoi ils sont pertinents dans l'optique d'opérer des changements dans votre vie. J'illustrerai mes idées à l'aide d'histoires concernant des personnes qui vous ressemblent, car je suis en mesure de garantir une chose – il existe peut-être des milliards de personnes dans le monde, mais nos schémas comportementaux sont presque toujours très prévisibles, et ce sont presque toujours les mêmes choses qui nous freinent. Je vous donnerai également des exercices « Passez à l'action ! » et des mesures concrètes afin que vous puissiez consolider ce que je vous enseigne et obtenir ainsi des résultats. Enfin, je souhaite que vous *passiez à l'action* sans aucune honte.

Pour commencer, je souhaite vous donner quelques exemples de conditionnement néfaste et des répercussions que peuvent avoir nos expériences de l'enfance sur notre avenir. Cela vous dira peut-être quelque chose.

L'HISTOIRE DE LUCY

Lucy a grandi dans un foyer appartenant à la classe ouvrière, avec deux parents travaillant à temps plein et passant peu de moments de qualité avec leurs enfants. Ils avaient du mal à joindre les deux bouts et se disputaient énormément à cause de leurs difficultés financières. Quand Lucy a fondé une famille, elle craignait toujours de manquer d'argent. Elle et son mari travaillaient, et bien qu'étant financièrement plus à l'aise que ses parents, Lucy se disputait souvent avec son époux pour des questions d'argent. Lucy ne s'est jamais poussée à décrocher un meilleur emploi, car elle n'en voyait pas l'utilité, pensant que cela l'obligerait à passer encore plus de temps loin de sa famille. Les « modèles » de Lucy sabotaient son potentiel de création d'une vie familiale riche.

L'HISTOIRE DE RICHARD

Richard est issu d'une famille d'universitaires renommés et a donc marché dans leurs traces pour devenir professeur. Il a progressé jusqu'au titre de directeur d'école. Sa famille était fière de lui, mais il ne se sentait pas épanoui.

Il n'avait fait qu'imiter le parcours de ses parents. Il a ensuite décidé de démissionner afin de monter son entreprise. Le jugement des autres suite à son abandon du monde de l'enseignement le mettait mal à l'aise. Il avait le sentiment de ne pas avoir un « emploi correct », même s'il gagnait cinq fois plus qu'avant. Le modèle de Richard était en contradiction avec sa réussite et son bonheur.

L'étude de ces exemples par le prisme de la psychologie nous donne immédiatement des indications sur notre comportement à tous. Nous réagissons aux expériences vécues en fonction de notre situation. Pour cerner les raisons de nos réactions, les principes psychologiques peuvent nous aider à mettre en lumière notre comportement.

Ce ne sont que deux exemples, mais vous voyez déjà que la psychologie est essentielle pour comprendre ce qui nous freine, nuit à notre épanouissement et nous rend malheureux. C'est la base de tous les principes que je vais passer en revue dans ce livre – des principes qui vous aideront à examiner et réécrire ce modèle, lequel est un facteur prépondérant vous empêchant de récolter tous les fruits de votre potentiel. Imaginez que vous possédiez une superbe Ferrari flambant neuve. Vous prenez place à bord en sachant qu'elle pourrait vous permettre d'effectuer un merveilleux périple, mais lorsque vous appuyez sur le bouton pour la mettre en route, puis sur l'accélérateur pour faire rugir le moteur, elle ne bouge pas. Vous l'amenez au garage et le mécanicien vous informe qu'elle a été mal programmée.

Vous êtes cette Ferrari. Vous avez le potentiel, la beauté et le pouvoir de vous lancer dans ce périple, mais vous ne parvenez pas à aller de l'avant à cause d'une programmation erronée. Le moment est venu de vous reprogrammer, cher lecteur.

Votre arme secrète

Soyons clairs. Il ne s'agit pas d'un énième bouquin sur la psychologie et l'état d'esprit, car j'ai vu des gens lire ce genre de livres, mais ne pas avoir le sentiment de connaître la réussite qu'ils souhaitaient dans la vie. En fait, j'ai été l'une de ces personnes. J'ai lu des ouvrages sur l'état d'esprit, créé ma première entreprise, et je gagnais même beaucoup d'argent. De l'extérieur, on avait le sentiment que j'avais réussi – mais en mon for intérieur, je sentais que quelque chose n'allait pas. Je me suis aperçue que, s'il est indéniablement important d'améliorer votre état d'esprit, il existe un autre facteur vital pour transformer votre existence et avoir le sentiment d'être totalement heureux. Et bon nombre de personnes ne comprennent pas qu'elles possèdent une arme secrète, à leur disposition en permanence.

Commençons par formuler une vérité limpide : le succès ne se limite pas à la richesse financière et prend une forme propre à la personne concernée. Il pourra s'agir d'une relation pleine d'amour pour l'un et d'un corps en bonne santé, affûté et tonique pour l'autre. Ma conception d'une vie extraordinaire sera totalement différente de la vôtre et cette dernière pourra s'avérer à l'opposé de celle d'un autre lecteur. Nous allons définir très bientôt les contours de votre vie extraordinaire, et vous aurez les coudées franches pour sortir une palette toute neuve renfermant les couleurs de votre choix et peindre une toile avec le style qui vous chante. Vous n'êtes pas un robot. C'est votre existence et le moment est venu de la vivre. Vous n'avez pas besoin d'adhérer au principe selon lequel vous ne pouvez connaître le succès que dans un domaine. Vivre le véritable bonheur, c'est réussir dans tous les domaines, et c'est précisément ce que je vous souhaite – cette arme secrète est destinée à vous aider.

Pour être totalement transparente, lorsque j'ai entendu parler de cette arme secrète pour la première fois, je n'y croyais pas, car après des années d'un régime religieux forcé, j'avais décidé de devenir athée. Mais comme mon existence a pris une tournure encore plus belle que celle imaginée dans mes rêves les plus fous, je peux aujourd'hui vous confier en toute sincérité que cette manière de penser peut décupler votre réussite et votre bonheur. Tout ce que je vous demande pour l'heure, c'est de n'émettre aucun jugement. Lisez simplement ce livre et suivez la procédure que je détaille, et ce n'est que lorsque vous aurez terminé que vous pourrez porter un jugement. Accord conclu ?

OK. Voici : entrez dans l'*Univers*.

J'ai dit clairement que je n'étais pas croyante. Mais je crois en une Intelligence universelle que l'on appelle dans certains coins « le Parrain » ou Dieu. Bon, d'accord, personne ne l'appelle le Parrain, mais il arrive qu'une fille aime canaliser son gangster intérieur. En fait, j'aime bien me considérer comme une pro de la spiritualité qui enfreint toutes les règles que je pensais autrefois devoir être respectées par toute personne spirituelle. Je suis comme qui dirait à 50 % Deepak et à 50 % Tupac.

Quand j'étais petite, je me souviens très bien m'être sentie déboussolée et avoir posé à ma mère une question embarrassante. Qu'y avait-il à l'intérieur de moi capable de voir avec mes yeux ? Je savais qu'à l'intérieur de mon corps, quelque chose regardait vers l'extérieur, mais mon cerveau d'enfant ne parvenait pas à comprendre cette notion. Je savais que si je fermais les yeux, j'entendais toujours une petite voix dans ma tête.

Nous existons, en tant qu'êtres humains, sous de multiples dimensions à l'instant T. Il existe la partie physique que vous voyez dans le miroir et qui interagit avec d'autres formes physiques telles que les humains, les objets, etc. Cette partie de nous est tangible et mène des actions physiques dans le monde physique. Il existe également une autre partie, notre essence intérieure, non physique, qui alimente et donne vie à notre être physique et est constituée de nos pensées, émotions et croyances. Les univers physique et non physique de notre existence sont inséparables, comme le haut et le bas de notre pied.

La spiritualité consiste à vous connecter à la partie non physique de votre être. En tant qu'humains, nous avons été habitués à une approche « extérieur-intérieur » pour juger à quel point nous sommes heureux, ce qui donne le ton du cheminement emprunté par notre vie vers une destination qui ne nous comblera jamais vraiment. Pour moi, la spiritualité consiste à garder en tête qui vous êtes : une superstar qui déchire. C'est l'exercice sacré consistant à vous tourner vers l'intérieur de votre être afin d'exploiter votre potentiel. C'est également la foi inébranlable en l'existence d'une chose qui vous aidera dans l'exécution de votre périple et vous tiendra la main si vous le souhaitez.

Je vais déboulonner certains mythes concernant les personnes spirituelles. Je ne porte pas de pantalon en bambou. Je ne possède pas une feuille de lotus. On me trouvera en train de chanter plus souvent « bordel » que « Om », et oui, je me rase les aisselles. Avant, je croyais qu'être spirituel était réservé aux personnes qui n'étaient pas normales. Après des années de harcèlement subi et de tentatives désespérées d'entrer dans le moule (à tel point que je suppliais ma mère de demander l'autorisation de porter officiellement un autre prénom), j'avais le sentiment qu'il n'y avait rien, là dehors, qui méritait mon attention et que l'on entravait ma quête perpétuelle de normalité pleine et entière. Et, pour être tout à fait franche, même le terme « spirituel » me donnait envie de rentrer sous terre ! Mais il fallait que ma vie change, et franchement, j'étais prête à m'ouvrir à tout parce que mes tentatives s'étaient soldées par un échec.

Si vous saisissez et exploitez le pouvoir de l'Univers dans votre quête de transformation, vous jugerez le périple dix fois plus facile et sacrément plus joyeux. Vous pouvez lire tous les ouvrages à succès que vous voulez sur l'état d'esprit, mais le secret est d'exploiter l'incroyable source d'énergie qui se trouve à portée de main pour que vos rêves se concrétisent.

Dans le prochain chapitre, je vais développer comment et pourquoi l'Univers peut décupler votre succès, mais j'ai pour l'heure besoin que vous me fassiez simplement confiance. Lorsque nous réunissons la psychologie et la spiritualité, cela crée un mariage sans précédent et ouvre les vannes permettant à la *magie* d'entrer dans votre vie. Mon existence s'est radicalement améliorée lorsque j'ai entamé mon périple de développement personnel, et encore plus quand j'ai commencé mon périple spirituel en étant obnubilée par la volonté de m'offrir la vie de mes rêves grâce à la compréhension et à la mise en œuvre des fondamentaux que je révèle dans ce livre. Et j'y crois fermement, pas seulement parce que je l'ai vécu moi-même, mais également parce que je l'ai vu chez des centaines de clients et collègues. Si vous parvenez à accéder à cette Intelligence universelle invisible, bienveillante et aimante capable de changer la donne, votre réussite sera stratosphérique. Voilà ce qu'est la spiritualité. L'honneur du scout. L'honneur du guide. Croix de bois, croix de fer, si je mens, je vais en enfer.

Je souhaite que cet ouvrage soit votre machine à laver spirituelle et psychologique. Je souhaite qu'elle nettoie votre cerveau de toutes les conneries que l'on a gravées dedans. Je veux qu'elle vous aide à sortir votre palette pour refaire le plein de couleurs et vous incite à peindre la toile la plus fantastique qui soit, à même de faire passer Picasso pour un amateur. Il n'est certes pas simple de lutter contre des décennies de conditionnement, mais j'ai besoin que vous me promettiez quelque chose.

Engagez-vous fermement à faire les choses suivantes :

- Vous investir dans votre développement personnel.
- Lire ce livre de la première à la dernière page.
- Exécuter les tâches de chaque chapitre, qui permettront d'opérer des changements en dépit de vos croyances.
- M'envoyer une bouteille de prosecco.

Bon, je plaisante concernant la dernière résolution, mais je voulais vérifier que vous me suiviez bien. J'ai avant tout absolument besoin que vous soyez ouvert à un nouveau point de vue.

Changer de vie

Les livres ont radicalement changé mon existence, et je souhaite que celui-ci bouleverse la vôtre. Je me revois en 2012, assise dans un café en plein hiver, frigorifiée et enceinte jusqu'aux yeux. Je venais tout juste de vomir, comme chaque matin, et après avoir décidé de sécher le bureau, j'ai trouvé du réconfort dans une tasse de chocolat chaud. J'ai ouvert un livre que j'avais trouvé sur les étagères de ma mère. Il s'intitulait *Réfléchissez et devenez riche*, signé Napoleon Hill. Et je n'aurais jamais pensé un seul instant qu'un livre pourrait modifier la trajectoire de mon existence.

Cet ouvrage m'a appris une chose que l'on ne m'avait jamais montrée auparavant. Sous le choc, je tournais frénétiquement les pages en essayant de ne pas renverser du chocolat chaud partout, buvant chaque mot dans un élan de passion, à mesure que les lignes me renseignaient sur le pouvoir de mon esprit. Était-ce bien réel ? On avait visiblement oublié de m'enseigner ces trucs dans l'école privée où m'avait inscrite ma mère, moyennant des milliers de livres de droits d'inscription, pour que j'apprenne l'histoire des femmes de Henry VIII et le phénomène de création de la pluie dans les nuages.

Ce sont certes des choses qui valent la peine d'être apprises, mais elles n'allaient jamais changer ma vie, contrairement au contenu de ce livre.

J'éprouvais un mélange de colère et d'excitation. De la colère, car en quinze ans d'éducation, personne n'avait ressenti le besoin de parler d'une approche susceptible de *changer ma vie*. J'ai commencé à faire des recherches sur Google et je suis devenue véritablement accro à l'Univers. Je me souviens de ce jour dans ce café comme si c'était hier. Je me souviens avoir ressenti pour la première fois l'existence de tout un tas de possibilités. Et franchement, lorsque je me replonge dans cette époque, je peux dire que je me reconnais à peine – j'étais désespérée, perdue et j'avais hâte de trouver un moyen de sortir de cette vie merdique.

Vous êtes peut-être cette personne installée dans ce café, à moins que vous vous soyez déjà ressaisi, tout en ayant conscience de la marge de progression existante. Mais vous êtes peut-être quelqu'un qui n'a aucune idée de ce qu'il souhaite faire de sa vie ou vous montrez tous les signes extérieurs de la réussite tout en vous sentant carrément vide à l'intérieur, sans comprendre pourquoi, car vous vous êtes rendu compte que des Louboutin et une Alpine ne vous ont pas apporté la joie que vous pensiez pouvoir ressentir. Quelle que soit votre histoire, ce livre va mettre en lumière les écueils et vous montrer que vous pouvez systématiquement changer la donne en procédant à des ajustements.

Lorsque je me retourne sur ces dernières années de mon existence, puis sur la décennie précédente, je trouve cela assez incroyable. Je repense à la petite fille qui souffrait d'anxiété, était embarquée dans les montagnes russes de la dépression, passait le plus clair de son temps à se juger, ainsi que les autres, et se sentait perdue. Le plus effrayant, c'était que de l'extérieur, ma vie paraissait belle et agréable, mais à l'intérieur, j'étais quelqu'un qui lâchait facilement l'affaire, une véritable championne de l'esquive et de l'évitement. J'étais juste bonne à faire semblant.

Donc…

- Le moment est venu de dépasser la peur de l'échec et de l'inconnu.
- Le moment est venu d'arrêter de vivre votre existence en vous comparant aux autres.
- Le moment est venu d'assumer votre pouvoir d'entrer dans la peau de la personne incroyable que vous étiez destiné à devenir.
- Le moment est venu de commencer à vous aimer et à croire en vous d'une manière que vous n'auriez jamais imaginé possible.

- Le moment est venu de dire adieu aux excuses du manque de temps et/ou d'énergie.

Si cela s'est avéré possible pour moi, je suis persuadée que vous en êtes capable également ! Je suis simplement une fille ordinaire qui a appris à transformer l'impossible en possible, et tout cela en me servant des principes énoncés dans ce livre, ainsi que de mon meilleur ami, l'Univers. Il faut parfois une décennie pour parvenir à l'année marquant le véritable tournant de votre vie. Êtes-vous prêt à ce que cette année devienne la vôtre ?

Dans ce cas, commençons ce périple.

Idées essentielles à retenir

★ Votre situation actuelle est différente de celle qui sera la vôtre dans une semaine, un mois ou un an.

★ La psychologie est essentielle pour que votre vie change, et tout démarre avec votre esprit.

★ Si vous ajoutez l'Univers à l'équation, vous pourrez connaître une réussite explosive ; votre arme secrète consiste à faire en sorte que l'Univers devienne votre meilleur ami.

★ Ne portez aucun jugement avant d'avoir lu l'intégralité du présent ouvrage et mis en œuvre toutes les tâches et actions.

★ Pour que tout ceci fonctionne, vous devez vous investir dans votre transformation.

Passez à l'action !

Faites confiance à l'Univers

Venons-en à votre première tâche, que j'ai exécutée après avoir lu le livre de Pam Grout *E² : 9 expériences toutes simples qui prouvent que vos pensées créent votre réalité* (2014). Pour que vous me fassiez confiance, il vous faut des preuves. Après tout, c'est au pied du mur qu'on reconnaît le maçon. Passons donc à l'épreuve de l'Univers. Les règles sont simples, mais vous *devez* absolument les respecter. Souvenez-vous que vous m'avez précédemment promis d'avoir l'esprit ouvert et de ne porter le moindre jugement qu'après avoir achevé la lecture de ce livre.

Les règles :

1. J'ai besoin qu'au cours des vingt-quatre prochaines heures, vous mettiez de côté tous vos doutes et attentes et que vous CROYIEZ FERMEMENT que l'Univers est votre meilleur ami et vous aidera à cocréer. Je vous demande simplement de vous engager sur vingt-quatre heures (pour le moment).

2. Je souhaite que vous trouviez un endroit au calme pour répéter, À VOIX HAUTE, le texte suivant (que vous pouvez adapter, car il donne l'idée générale). « Bonjour, l'Univers. J'ai besoin de croire que tu me soutiens, car je crois vraiment en toi. J'ai besoin que tu me rendes service. J'ai besoin que tu me montres que tu es à l'écoute. J'ai besoin que tu me fasses un cadeau dans les vingt-quatre heures à suivre. Je te laisse

choisir, mais fais en sorte que ce soit une surprise. Et envoie-moi un signal pour que je sache que cela vient de TOI. »

3. Bon, votre mission consiste maintenant à GUETTER ce cadeau. Ouais, n'oubliez pas que vous avez fait une demande à l'Univers et que vous devez vous ATTENDRE à l'arrivée de votre cadeau. Vous devez SAVOIR – y croire à 100 % – qu'il va arriver. Lorsque vous passez commande au restaurant, vous vous attendez, en toute confiance, à l'arrivée de votre plat. Vous demandez un cadeau à l'Univers et vous devez avoir cette même attente.

4. Détendez-vous et attendez votre cadeau.

Suivez bien ces règles et observez la réaction de l'Univers. Ce cadeau sera peut-être modeste, mais gardez à l'esprit que la surprise qui vous parviendra dans les vingt-quatre heures correspond au cadeau que vous attendiez. J'ai même réussi à faire en sorte que mon mari se plie à l'exercice. Il a accepté en traînant les pieds. Le lendemain, il était en train de faire du rangement et a eu la bonne surprise de retrouver une télécommande qui avait disparu depuis des semaines. Il était extrêmement heureux et m'a dit qu'il n'en croyait pas ses yeux – il pensait qu'elle avait disparu pour toujours. Je l'ai regardé et lui ai rappelé la tâche exécutée la veille. J'ai souri et, depuis ce jour, il y croit dur comme fer.

À votre tour, désormais. Suivez ces règles et laissez la magie opérer.

2

Tout est une question de vibrations

La maîtrise vibratoire va devenir votre nouveau passe-temps – après tout, le tricot fait très année 2011.

Je me souviens de la première fois où je suis tombée amoureuse, genre raide dingue. J'avais 9 ans. J'étais en colonie de vacances pour deux semaines, et c'est là où j'ai pris mes premières leçons sur l'amour et moi-même.

Il s'appelait Vinnie. Il avait 8 ans, les cheveux bruns et il était rondouillard. Mais quelque chose en lui m'a attirée. Je me souviens de l'excitation que je ressentais lorsque je le voyais et de la tristesse qui s'est emparée de moi lorsque nous sommes repartis chacun de notre côté.

Mais je me souviens surtout avoir été particulièrement gonflée. Je n'avais absolument pas peur d'exprimer mes sentiments et j'étais apparemment une romantique née, conditionnée par Disney dès mon plus jeune âge.

J'ai choisi le moment idéal pour faire ma déclaration d'anthologie, à la fin de deux semaines : sous l'eau, dans le centre de loisirs du coin. On ne peut guère faire plus romantique.

Après avoir fait signe à Vinnie d'aller sous l'eau à côté de l'énorme objet gonflable multicolore, j'ai pris une grande inspiration avant de plonger. J'ai commencé à montrer frénétiquement mes yeux du doigt, puis lui ai demandé de regarder mon cœur, avant d'apporter la touche finale en le désignant du doigt.

« JE T'AIME », ai-je articulé en silence. Et c'était sincère !

Franchement, je ne me souviens plus de ce qui s'est produit à ce stade. J'aimerais dire qu'il a m'a répondu en faisant les mêmes gestes, mais j'ai probablement refoulé ce rejet avec tous ceux qui sont intervenus par la suite. Cela n'a duré que le temps de ces deux semaines de colonie, et je n'avais que 9 ans, mais je n'oublierai jamais ma première histoire d'amour de vacances.

Il vivait dans une autre ville, et il n'y avait aucune chance que nous nous recroisions, mais j'ai passé des jours et des nuits à rêver de mon premier amour. Trois ans plus tard, j'ai déménagé, et il s'avère que nous nous sommes installés dans la rue où vivait Vinnie.

Dix ans plus tard, je l'ai recroisé dans un pub et, dans une stupeur éthylique, il a fièrement raconté à tous ses amis la façon dont j'avais déclaré ma flamme sous l'eau. J'étais tellement gênée que cela m'a presque coupé le souffle.

Vous pensez peut-être que c'était une sacrée coïncidence. Mais il est très probable que, vu les notions que je vais divulguer dans ce chapitre, vous commenciez à repérer la mise en œuvre du pouvoir de l'énergie et la façon dont nos pensées offrent à l'Univers des indications pour créer notre réalité physique. Je suis plutôt certaine d'avoir « manifesté » pour que ma famille s'installe dans une nouvelle maison et que je puisse retrouver Vinnie. Houp, désolée, maman !

Que peut bien vouloir dire « manifester » ?

Bon, laissez-moi décortiquer cette notion, car il est essentiel de bien cerner les principes se cachant derrière la manifestation. Lorsque vous manifestez, vous matérialisez une chose à laquelle vous avez pensé.

On appelle cela la loi de l'attraction. En bref, vous pouvez attirer ce que vous souhaitez qu'il arrive dans votre existence – car vos pensées peuvent tout à fait devenir votre réalité physique. Il s'agit d'une loi *universelle*, ce qui signifie qu'elle fonctionne pour *n'importe qui et en permanence*, que vous en ayez conscience ou non, sachant que l'on ne rigole pas avec la loi ! Je me souviens qu'étant jeune, ma mère me disait toujours que j'étais capable de réaliser tout ce qui me traversait l'esprit. Elle avait raison, mais toute une dimension m'échappait.

La loi de l'attraction stipule que nous pouvons attirer n'importe quoi à condition de vraiment le désirer. Dans notre monde physique, tout – notre corps, nos relations, nos finances – est un reflet direct de notre état interne et de nos pensées. En deux mots, ce que vous ressentez à l'intérieur de votre être reflétera ce que vous voyez à l'extérieur. Votre perception du monde extérieur est directement corrélée à votre monde intérieur. Cela signifie que, que nous en ayons ou non conscience, nous sommes responsables de l'apport d'éléments positifs et négatifs dans notre existence.

Il ne s'agit pas d'inepties irrationnelles. En tant qu'humains, nous nous appuyons tellement sur la notion selon laquelle ce que nous percevons correspond à la réalité que nous sommes tous tout excusés de ne pas apprécier ce qui se produit au-delà. Il existe de nombreuses formes d'ondes énergétiques dans le spectre électromagnétique – radio, lumière, son, infrarouge, ultraviolet, gamma, et j'en passe. Elles sont présentes tout autour de nous et peuvent se mesurer grâce à des instruments scientifiques, n'étant pas visibles à l'œil nu. Nous devons donc ouvrir notre esprit à ce que nous ne pouvons voir. La gravité n'est pas visible, mais nous sentons qu'elle nous maintient en contact avec le sol. Nous ne voyons pas l'électricité, mais nous savons qu'il ne faut pas mettre les doigts dans une prise de courant. Croire à la loi de l'attraction, c'est avoir confiance en ces forces invisibles qui œuvrent inlassablement autour de nous.

Prenez quelques instants pour réfléchir à votre univers physique et à tous les éléments tangibles dont il est composé – voitures, maisons, êtres humains, congélateur rempli de glaces Ben and Jerry (OK, ce dernier point vaut surtout pour moi). Avant la voiture est née l'*idée* d'une voiture. Avant que la maison sorte de terre est apparu le *désir* de construire cette maison. Avant que Ben and Jerry ne prépare de délicieuses glaces incroyablement caloriques est née la *perspective* de bâtir un véritable empire de la glace. Tout ce qui appartient aujourd'hui au monde *physique* a été au départ une idée, un rêve ou un désir.

Bien entendu, loin de moi l'idée de nier le fait que vous deviez agir. Une voiture n'est pas apparue derrière un nuage de fumée comme dans un tour de magie digne de Harry Potter. Une entreprise ne génère pas automatiquement un chiffre d'affaires d'un million de dollars grâce à la seule pensée ou au seul désir d'une personne. Notre corps physique doit agir aux côtés de l'Intelligence universelle non physique. L'Intelligence universelle nous apporte son concours en nous offrant les occasions permettant à nos idées de se matérialiser facilement.

Une fois que vous avez l'idée en tête, l'Intelligence universelle se sert de son énergie pour qu'elle se concrétise. Si vous rêvez de vivre aux côtés d'un nouveau partenaire, une fois cette vision fixée dans votre esprit, l'Univers contribue à créer les circonstances qui déboucheront sur la rencontre. Si vous êtes en mesure d'y penser, cette perspective se manifestera toujours dans la réalité physique. L'idée vous est venue parce qu'elle vous était *destinée*. Le désir vous a titillé parce qu'il était *fait* pour vous. Si vous le visualisez, vous avez le pouvoir de le transformer en réalité. Sympa, non ? Mais il est crucial de comprendre que, bien qu'étant créatives, toutes les idées n'ont pas la même force de création. Est-ce que toutes vos pensées portent leurs fruits ? Non, et Dieu merci ! Imaginez si toutes les idées d'un adolescent devenaient réalité – le monde serait une sacrée pagaille !

Nombre des pensées qui nous traversent l'esprit ne se matérialisent jamais, car il leur manque les ingrédients nécessaires pour devenir réalité. La plupart des pensées ne disposent pas de suffisamment de force pour devenir tangibles. L'ambition, le désir et les croyances associés font cruellement défaut, et ces pensées ne sont pas assez répétées pour acquérir le pouvoir de déclenchement du mouvement énergétique. L'objet de votre attention se développera si vous l'alimentez généreusement en énergie positive. Le désir et l'attention fournissent de l'énergie à la loi de l'attraction, laquelle vous transforme littéralement en aimant à désirs et transporte ces derniers du monde non physique vers le monde physique.

L'Univers met plus de temps à orchestrer certaines choses, mais il est des idées qui se manifestent rapidement et facilement sans qu'il faille beaucoup d'énergie ou de concentration. Vous est-il déjà arrivé de penser à quelqu'un, qui vous appelle quelques instants plus tard ? Certains y voient une coïncidence ou de la chance. Mais je suis persuadée que l'Univers vous montre alors qu'une pensée peut se réaliser.

Qu'est-ce donc que l'Intelligence universelle ?

La physique nous montre que tout l'univers correspond au mouvement de l'énergie et de l'information. Tout est constitué de la même matière première : le carbone, l'oxygène et l'azote.

Imaginez une jolie tomate rouge bien juteuse. D'où vient-elle ? Vous avez dit, d'« une graine » ? Eh bien, si vous prenez plusieurs graines et les frottez suffisamment longtemps, qu'est-ce qui va leur arriver ? Elles vont se désintégrer et se transformer en poussière. Et si vous placez cette poussière sous un microscope, vous ne verrez pas de molécules magiques capables de se muer en tomate, mais les mêmes atomes dont nous (ainsi que tout ce qui existe sur Terre) sommes constitués.

Nous sommes faits des mêmes éléments que la poussière de graines de tomate, mais quelque chose permet à cette poussière de devenir de jolies et délicieuses tomates rouges : une force énergétique extraordinaire. C'est la même force énergétique qui prend nos pensées pour les transformer en réalité physique, la même énergie qui fait pousser nos cheveux et nos ongles et nous aide à respirer. Tous ces éléments vont tellement de soi à nos yeux que nous ne nous interrogeons pas sur les phénomènes qui se produisent.

En fin de compte, nous sommes constitués des mêmes éléments qu'une chaise, un arbre, une tomate et même cette chaussette qui pue que vous retrouvez régulièrement sous votre lit. Ce sont simplement plein de particules d'énergie qui vibrent. Cette révélation m'en a bouché un coin. Nous sommes donc tous essentiellement des chaussettes qui marchent, parlent, pensent – et je l'espère, ne puent pas. Bon, je l'admets, j'ai peut-être été trop loin avec cette histoire de chaussettes, mais ça me fait rire.

La graine est le potentiel d'une grosse tomate – c'est l'« idée » derrière la tomate. Nous savons de bonne foi que si nous plantons, puis arrosons et exposons au soleil cette graine… boum, une tomate fera son apparition ! Nous n'avons aucun doute sur le fait que cette graine va se transformer en tomate. Nous sommes persuadés qu'elle va se développer, même si nous ne nous interrogeons pas sur le phénomène qui la fait grandir. Eh bien, cet incroyable pouvoir est l'énergie et l'intelligence invisibles se cachant derrière la vie, auxquelles on donne différents noms – Source, Dieu, Dame Nature, Filon, Allah, Déesse ou Force de vie.

Tout cela fait référence à la même chose, une énergie à la puissance incroyable qui transforme les idées en réalité tangible. Tout au long de ce livre, je désignerai cette force invisible sous le nom d'Univers. L'Univers prend nos images mentales et nous aide à les transformer en emploi parfait, voiture de rêve, sac à main Mulberry et partenaire idéal. En ayant foi en cette force invisible naturelle, vous pourrez transformer plus rapidement que jamais votre vie, car vous saurez que vous n'effectuerez pas ce périple seul et serez en mesure de cocréer votre existence. Vous pouvez donc constater que la manifestation longue et courte correspond à l'*énergie*.

Que cela vous plaise ou non, que vous y croyiez ou non, cette énergie est toujours à l'œuvre à l'arrière-plan. Que vous essayiez de perdre du poids, de trouver l'amour de votre vie ou de gagner plus d'argent, il existe des moyens psychologiques pratiques et tangibles de changer d'état d'esprit pour assouvir vos ambitions, et je vais vous les donner dans les pages à suivre. Cependant, savoir que vous pouvez créer ce que vous souhaitez à condition de le désirer très fort et vous façonner une vie de rêve est assez époustouflant.

Dans ces conditions, comment diable manifester ce que vous souhaitez ?

Je commencerai par dire que, malgré l'existence d'étapes claires pour créer délibérément votre existence (à savoir manifester), c'est également un processus plutôt naturel pour l'être humain – lorsque vous aurez lu le présent ouvrage et commencé à libérer votre potentiel, vous constaterez que manifester devient une procédure plus naturelle et moins figée.

Un jour, j'ai entendu une explication qui l'illustre parfaitement. Admettons que vous ayez fréquenté étant enfant une école où vous avez appris à manifester et que la notion de manifestation soit devenue banale au point qu'il ne vous viendrait pas à l'esprit de la remettre en cause. Cette croyance a été renforcée par vos parents, vos professeurs et vos pairs. Vous saviez donc que si vous désiriez quelque chose et passiez à l'action, vous l'obtiendriez. Vos croyances seraient différentes et votre vision de la vie tout autre.

Pour manifester, la première étape consiste à *décider ce que vous souhaitez vraiment*. Le chapitre 3 traitera la fixation d'objectifs et vous aidera à définir votre vie idéale. La deuxième étape consiste à *décider que c'est fait*, à savoir avoir une foi totale en la loi de l'attraction. Il s'agit de la partie difficile. Vous aurez maille à partir avec votre cerveau sur ce point, car vous n'avez pas fréquenté une école de manifestation. Vous devez donc entraîner votre esprit et le reprogrammer pour qu'il y croie. L'attente est une force puissante qui vous donne la confiance nécessaire en votre faculté de créer l'existence que vous désirez. Plus vous voyez des choses se produire dans votre vie et vos pensées manifester, plus votre confiance se développe, et cela vous pousse à croire que ce phénomène est tout ce qu'il y a de plus réel.

Pour la tâche « Passez à l'action ! », à la fin du chapitre 1, je vous ai dit de vous attendre, pendant vingt-quatre heures, à ce que l'Univers vous fasse un cadeau, avec le même degré de certitude que celui concernant l'arrivée de votre plat au restaurant. Imaginez que vous ayez bien fréquenté cette école où l'on vous aurait seriné l'art de la manifestation. Au fil de la lecture de ce livre et à mesure que vous commencerez à voir les choses changer, votre foi dans le pouvoir de la manifestation sera plus marquée et votre « muscle de la foi » gagnera en force. Au lieu de vous demander si vous obtiendrez le résultat rêvé, vous prendrez des mesures, fort d'une grande inspiration, en sachant pertinemment que l'issue se matérialisera.

Nous parlerons plus loin de la signification de cette « action inspirée ». Pour être l'auteur d'une action inspirée, vous devez cerner quelles croyances fermement ancrées nuisent à la concrétisation de votre désir, puis les reprogrammer. (Nous aborderons très prochainement le sujet.)

Être un maître vibratoire – comment rester branché sur Radio Univers

L'une des pièces du puzzle les plus importantes, qui nous permet de manifester comme un champion, est de prendre le contrôle de notre ressenti. Votre façon de ressentir les choses déclenche une vibration. Nous autres, les êtres humains, sommes capables de sentir les vibrations des personnes qui nous entourent. Lorsque nous ressentons la joie, l'amour, la liberté, la gratitude et la passion, nous émettons littéralement des vibrations à une fréquence plus élevée. Et quand nous sommes en proie à la peur, à la déprime, au chagrin, à l'insécurité et à la culpabilité, nous vibrons à une fréquence bien plus basse.

Pour manifester, nous devons être alignés sur l'Univers d'un point de vue vibratoire. Pour savoir sans coup férir si l'alignement est correct et si les vibrations que nous émettons attirent (et ne repoussent pas) ce que nous souhaitons, nous devons être bien attentifs à notre ressenti.

Imaginez que vous ayez une radio réglée sur Radio Univers afin de pouvoir manifester. Radio Univers possède une fréquence vibratoire élevée. En général, lorsque nous nous sentons bien, nous sommes en mode « attraction » et connectés à Radio Univers. Et lorsque nous nous sentons mal, nous sommes branchés sur la fréquence du manque – appelons-la Radio Cafard. Plus nous nous sentons bien, plus nous sommes ouverts à la matérialisation de nos désirs. En bref, nos émotions sont l'indicateur le plus fiable de notre alignement.

Avez-vous déjà remarqué que certaines personnes ont le chic pour être comblées et sont très « chanceuses », n'arrêtant pas de cumuler des choses incroyables ? À l'inverse, repensez à l'une de ces journées où les pépins s'enchaînent. Ce n'est pas une coïncidence. En fait, votre énergie crée tout ce que votre esprit émet sur le plan vibratoire. Et c'est précisément ainsi que fonctionne la loi de l'attraction.

Abandonnons un instant la notion d'énergie et observons le phénomène d'un point de vue psychologique. Si vous désirez quelque chose, le fait d'être heureux, plein d'énergie et dans le « bon état d'esprit » va vous aider à prendre les mesures qui vous permettront de parvenir à vos fins. Nombre d'études universitaires ont montré que les personnes heureuses réussissent dans de multiples domaines de la vie : vie amoureuse, amitié, finances, performances professionnelles et santé. Les psychologues affirment également qu'il existe un lien entre bonheur et réussite, non seulement parce que le succès rend heureux, mais également parce qu'un état d'esprit positif favorise la réussite.

Il y a bien longtemps, lorsque je suis tombée sur la loi de l'attraction, j'étais encline à croire n'importe quoi malgré le cynisme qui m'animait à cette période-là. J'ai essayé de manifester 100 000 livres, mais je n'avais pas conscience qu'il fallait suivre un processus pour activer la loi de l'attraction. Je me suis contentée de m'asseoir pour manger des chips de maïs, puis me suis demandé, ne voyant pas les 100 000 livres tomber du ciel, pourquoi l'Univers me détestait. À vrai dire, je n'étais pas dans le bon état d'esprit. J'étais connectée à Radio Cafard. Je n'allais jamais pouvoir attirer quoi que ce soit (ou faire des choses susceptibles de me rapporter 100 000 livres), car ma fréquence vibratoire était très basse. J'ai donc rapidement dédaigné ce concept.

Pour manifester ses désirs, la règle d'or est de gérer son énergie. Et c'est l'une des choses les plus difficiles à faire en tant qu'êtres humains. Pourquoi ? Parce que nous avons pendant très longtemps laissé notre inconscient excessivement conditionné mener la danse et nous sommes trop facilement influencés par ce qui se passe autour de nous dans le monde physique, au lieu d'exploiter tout notre potentiel. Nos émotions sont souvent un produit dérivé des événements qui se produisent, de l'impact des autres humains sur nous et de notre inconscient qui limite nos schémas de pensée.

Comment modifier notre énergie pour que nous soyons connectés en permanence à Radio Univers ? Comment rester constamment heureux, joyeux et plein d'énergie ? Bon, écoutez, nous sommes des humains et je suis réaliste. Parfois, il se produit des choses qui nous exaspèrent, comme devoir prendre un ticket de parking ou avoir un désaccord avec la belle-mère (une fois de plus). Mais, sérieusement, il existe des moyens de gérer notre énergie afin de pouvoir rebondir rapidement si nous nous retrouvons à écouter Radio Cafard et à chanter à tue-tête un air tel que « Broie du noir ». Et parfois, il nous arrive des catastrophes qui nous font sombrer, puis c'est alors la descente infernale vers un état vibratoire médiocre.

Il vous incombe néanmoins de devenir extrêmement conscient de vous-même (ce livre va vous y aider), afin que, même lorsque vous éprouvez de la colère, de la rage, de la jalousie, de l'envie ou une autre émotion négative, vous sachiez comment retrouver un état positif. Il ne s'agit pas de refouler ou d'ignorer les émotions négatives. Dans notre vie, elles sont tout aussi importantes que leurs homologues positives, car elles nous apportent de précieuses informations. Il nous faut ressentir pleinement ce qui se déroule en nous pour deux raisons :

1. Lorsque nous n'avons pas le moral, sommes frustrés ou faisons face à une difficulté, nous pouvons considérer cette situation comme le symbole de ce que nous ne souhaitons pas. Combien d'histoires de réussite avec un passage de la misère à la fortune avez-vous entendu ? Souvent, c'est après avoir touché le fond que la personne ressent dans tout son être le désir d'opérer un bouleversement dans son existence.

2. Lorsque nous vivons une période difficile, cela nous montre dans quel domaine nous devons faire preuve de plus de résilience, de confiance et d'enthousiasme. C'est alors l'occasion de vérifier si nous avons endossé le costume de la victime.

Comprenez bien ceci : la douleur est physique, mais la souffrance est mentale. Nous avons toujours le choix de penser différemment, même dans les pires moments de notre existence. Être positif n'a rien d'un boniment – nous pouvons vraiment choisir de voir chaque situation sous un autre angle, qui apporte une solution.

Je sais que la matérialisation de mes rêves et désirs est conditionnée par une fréquence vibratoire élevée, et j'ai réussi à transformer en une forme d'art l'atteinte de cette fréquence. Et je souhaite que vous en soyez vous aussi capable. La maîtrise vibratoire va devenir votre nouveau passe-temps – après tout, le tricot fait très année 2011. Lorsque vous aurez terminé ce livre, vous disposerez de tous les outils du parfait maître vibratoire et vous aurez tout du super-héros. Et, si je suis bien consciente que je ne serai jamais capable de voler sans l'aide d'un réacteur dorsal, même si je le rêve très fort, je reste persuadée que les humains peuvent atteindre un niveau de maîtrise vibratoire qui leur permet de manifester des choses incroyables.

Alors, comment devenir des maîtres de la vibration et attirer ce que nous souhaitons comme un magicien ? (Et, juste pour l'anecdote, j'ai fini par manifester ces 100 000 livres en un mois – preuve que cela marche vraiment.)

Vers une connexion lumineuse et parfaite

Je tiens tout d'abord à ce que vous imaginiez un tunnel de lumière qui part du sommet de votre crâne et se dirige vers une grosse boule d'énergie jaune. (Avez-vous déjà fait cela dans un cours de yoga ?) Cette grosse boule d'énergie jaune est le centre de l'Univers. Eh bien, ce tunnel de lumière doit être d'une blancheur très vive pour que nous soyons capables de manifester ce que nous souhaitons. Et, je déteste avoir à vous dire ça, mais pour nombre de personnes, ce tunnel est noir – oui, *noir* ! Mais, la plupart du temps, bien que le noir soit ma couleur préférée en matière de manteau, quand il s'agit de ma connexion à l'Univers, ce tunnel doit être d'un blanc très vif.

Cette noirceur est le résultat d'années de conditionnement, comparaisons, jugements, critiques et plaintes. Levez la main si ça vous parle ! Mince, ça nous parle à *tous*, et si vous secouez la tête pour nier l'évidence, vous feriez peut-être mieux de tirer un trait sur ces âneries de transformation de votre existence,

autres de son malheur personnel et juge toutes les personnes qui vous entourent. La voix de l'Ego aime avoir toujours raison, déteste être remis en question et adore se victimiser. L'Ego vous convainc d'être égoïste et se soucie uniquement de vous, car la vie – selon l'Ego – est faite pour travailler, souffrir, avant de mourir. Il vous contraint à errer comme un poulet sans tête, lancé dans une mission pour connaître le succès qu'il n'a pas l'intention de vous laisser achever. L'Ego vous dira que personne ne vous aime, que vous n'êtes pas assez jolie et que vous avez un fessier trop imposant. En bref, c'est un connard !

À ce niveau d'existence, nous traversons simplement la vie avec, en tête, des pensées qui nous font fonctionner sur pilote automatique, sans jamais nous interroger sur notre raison d'être, ni vraiment exploiter tout notre potentiel.

Pour connaître le véritable bonheur et manifester notre vie de rêve, nous devons dépasser ce niveau d'existence rudimentaire. Au stade suivant, nous prenons conscience des choses et commençons à réaliser que les pensées ne sont que des pensées, des données qui sortent de notre cerveau (lequel est un vrai système d'exploitation) et que nous sommes capables de modifier nos pensées à tout moment si nous nous mettons à avoir conscience de ces pensées. Cela nous permet alors de commencer à évoluer à un niveau très différent, le niveau de l'*Âme*.

La majorité des gens sont en mode « Ego » et il m'incombe de vous aider à basculer en mode « Âme ». À ce niveau, vous commencerez à prendre conscience que vous êtes connecté à l'Intelligence universelle et que vous avez le pouvoir de manifester. Une fois cette bascule effectuée, au lieu de vivre dans un climat de peur, vous commencez à admettre que vous avez un potentiel inépuisable et que la vie regorge de possibilités infinies. Votre

Âme, si vous préférez, est la partie divine de votre être connectée à l'Univers. Elle est conçue pour veiller sur vous spirituellement et émotionnellement, et elle communique souvent autrement que par les mots. Si l'Ego a une voix forte et autoritaire dans votre esprit, celle de l'Âme « parle » plus doucement. Au départ, elle communique souvent de manière subtile, mais peut également se montrer obstinée ou insistante. Lorsque vous êtes connecté à cette partie divine de votre être, tout semble faire sens et vous avez le sentiment de bien vous connaître. L'Âme ne perçoit la vie qu'à travers le prisme de l'amour et opte fièrement pour une paire de lunettes roses pailletées.

Votre Âme sait que vous êtes exceptionnel, même si vous ne possédez pas toutes ces choses matérielles que l'Ego veut vous voir acquérir à la sueur de votre front. Elle vous étreint avec son intuition et son inspiration afin de vous informer que vos idées comptent et que vous avez de grandes choses à faire sur cette planète. Elle vous oriente en ayant à cœur de servir votre intérêt.

Pendant une grande partie de votre existence, l'Ego, comme cette colocataire odieuse, a fait beaucoup de bruit et vous a fait marcher sur des œufs. En grandissant, votre Ego se renforce et sa grande gueule prend du volume, couvrant celle de votre Âme.

Afin d'éclaircir ce tunnel noirci et de rétablir votre connexion à l'Univers, vous devez avoir conscience des choses et déterminer qui est aux manettes à tout moment dans votre existence. La bataille fait constamment rage entre l'Ego et l'Âme, mais une fois que vous franchissez un cap pour accéder à la perception consciente (chose que ne font jamais la plupart des humains), vous retrouvez un pouvoir incroyable.

Lorsque notre vie est dirigée par notre Âme, notre niveau d'énergie grimpe automatiquement en flèche. Nous apprenons à arrêter de juger, de comparer, de critiquer et nous commençons à aimer, à pardonner, à être reconnaissants et à vivre dans la joie. Lorsque vous êtes dirigé par votre Ego, vous insultez le type qui vous coupe la route au lieu de le laisser passer avec un sourire en sachant qu'attendre quelques secondes est accessoire. L'Ego vous racontera éternellement des histoires sur votre incapacité à réussir (alors pourquoi vous embêter avec ce nouveau projet ?), alors que votre Âme, tout comme votre meilleure amie, n'arrêtera pas de vous inspirer et de vous encourager tout du long. Lorsque vous vivez dans un climat d'amour, c'est votre Âme qui est au premier plan. Lorsque vous vivez dans la peur, c'est l'Ego qui raconte des foutaises.

On me demande souvent comment je suis parvenue à manifester des choses si exceptionnelles. Je vais détailler dans cet ouvrage le processus m'ayant permis de changer, mais tout a commencé par une prise de conscience de mes idées et le choix de privilégier l'amour et d'ignorer cet Ego empoisonnant et menaçant. Dès que vous savez qui se trouve aux commandes, vous pouvez commencer à ajuster votre énergie afin de vous assurer que vous êtes animé par l'énergie de l'amour au niveau vibratoire élevé. Je me suis mise à observer mes pensées et j'ai réalisé que je pouvais les modifier à tout moment. Nous autres humains avons la chance de pouvoir entraîner notre esprit afin d'avoir conscience de l'énergie et des informations que nous souhaitons créer ou faire disparaître de notre vie. Nous sommes l'énergie : tout ce que nous manifestons est simplement de l'énergie.

Mais je vous préviens, changer les choses peut s'avérer vraiment ardu. Changer d'état d'esprit, devenir parfaitement conscient de ses pensées et actes est probablement ce qu'il y a de plus difficile à effectuer, mais c'est le secret pour débloquer ce pouvoir de transformation durable et permettre au bonheur de s'immiscer dans sa vie. Je sais désormais qu'en éliminant la haine, l'envie, la jalousie, l'égoïsme et le cynisme, et en éprouvant de l'amour, même envers la personne la plus agaçante, mais surtout envers moi-même, je peux obtenir ce que je veux, car je suis branchée sur Radio Univers.

Je sais qu'une attitude négative envers les autres ne m'apportera jamais la réussite que je désire. Et je tiens à cette réussite. La question est la suivante : à quel point la désirez-vous ?

Admettons que vous vous leviez du mauvais pied, que vous ronchonniez en ce lundi matin et que vous soyez obligé de vous traîner au bureau pour occuper un poste que vous détestez. Cela vous met immédiatement de mauvaise humeur. Cette énergie n'est pas propice à l'accomplissement de vos rêves, car elle est de faible fréquence – vous êtes connecté à Radio Cafard. Mais à cet instant, vous avez le choix de changer cette situation. Vous pouvez mettre du Beyoncé, vous lancer dans des pas de danse endiablés et vous redire que vous êtes incroyable et armé du pouvoir de changer d'existence. En modifiant vos pensées, vous agissez sur vos émotions, ce qui a pour effet de changer d'énergie tout en guidant vos actes. Vous pouvez désormais vous concentrer sur votre plan pour fuir votre emploi assommant au lieu de vous appesantir sur votre situation actuelle.

Comme vous pouvez le constater, il est crucial de changer d'état d'esprit afin d'activer la loi de l'attraction. Cette loi vous encourage à prendre conscience que vous avez la liberté de contrôler le développement de votre avenir en le façonnant à votre guise. C'est extrêmement enthousiasmant.

Mais que vous y adhériez totalement ou non, le principal message est le suivant : lorsque nous nous sentons bien, nous pouvons considérablement enrichir notre existence. Lorsque nous choisissons d'arrêter de percevoir la vie sous un angle négatif, s'ouvre à nous tout un univers de possibilités. Et au centre de ce processus se trouve le principe selon lequel vous pouvez *choisir*. Vous pouvez choisir de penser et de ressentir les choses différemment, et vous êtes donc capable de contrôler totalement votre existence si c'est votre souhait. Inutile de croire que vous êtes dans une impasse ou destiné à vivre une existence en proie au conditionnement reçu pendant votre enfance.

Idées essentielles à retenir

★ Lorsque vous manifestez, vous concrétisez une chose à laquelle vous avez pensé.

★ Pour manifester, vous devez être branché sur Radio Univers et avoir une fréquence vibratoire élevée.

★ Pour avoir des vibrations élevées, vous devez avoir conscience de ce que vous ressentez et apprendre à contrôler cet état.

★ L'Ego est la partie de votre être en proie à la peur qui a été créée sur la base d'un conditionnement remontant à l'enfance.

★ Votre Âme est la partie aimante et puissante de votre être directement connectée à l'Intelligence universelle.

Passez à l'action !

Jeu de rôle avec l'Univers

C'est le moyen d'agir sur votre niveau d'énergie. Lorsque vous parvenez à obtenir le niveau d'énergie correspondant à la meilleure version de vous-même, vous êtes alors en mesure de modifier vos vibrations. Le moyen le plus rapide de manifester est de vous assurer que votre énergie est alignée sur celle de Radio Univers, même si votre situation *actuelle* ne correspond pas à celle désirée. Penser et agir conformément à l'avenir souhaité et non par rapport à votre réalité actuelle peut paraître ahurissant, mais cela vous apprendra immédiatement à voir les choses différemment.

Prenez quelques instants pour vous imaginer dans dix ans, avec *tout* ce que vous désirez : de l'argent, le partenaire de vos rêves (ou une vie de célibataire), un corps en bonne santé et en forme, une famille qui vous aime, des amitiés qui vous comblent et un jet privé pour faire bonne mesure.

Je souhaite que vous vous imaginiez extrêmement heureux, émotionnellement, mentalement et physiquement épanoui. Ce « moi du futur » que vous percevez mentalement présentera un niveau de vibrations très élevé, car il s'agit de la meilleure version de vous-même, la plus heureuse et épanouie. Sentez votre énergie intérieure changer lorsque vous vous imaginez entrer dans votre vie idéale.

Mettez maintenant par écrit cinq choses que vous *ressentiriez*, cinq choses auxquelles vous *croiriez* et cinq choses que vous *penseriez* si vous deveniez la personne idéale selon vous. Vous pouvez inscrire ces éléments sur les pages vierges situées à la fin de ce livre.

C'est la vibration que vous devez provoquer au quotidien.

Vous pouvez favoriser votre manifestation en déclenchant ces cinq sentiments, cinq croyances et cinq pensées dans l'instant présent. Vous deviendrez alors un véritable aimant qui attirera les énergies positives de l'Univers, ce qui vous aidera à matérialiser votre moi du futur idéal.

3

Pensez-y très fort, #ConcrétisezVosObjectifs

Ne revoyez pas vos rêves à la baisse, renforcez votre croyance.

Je me souviens avoir dit d'un air penaud à ma conseillère d'orientation que je souhaitais devenir actrice – ou, pour être sincère, faire un métier impliquant d'évoluer devant du public. Je dis « d'un air penaud » car, à l'époque, on m'avait dit à d'innombrables reprises que ce n'était pas réaliste et que ce genre de métier n'offrait aucune stabilité. Mon âme avait failli être convaincue du caractère irréalisable de ce projet. Tout cela n'était que des boniments. À chaque fois que quelqu'un évoquait mon avenir, c'était comme si mes rêves se retrouvaient repoussés de plus en plus loin. Cela vous dit peut-être quelque chose ?

Devinez donc ce que cela m'a appris étant petite ? N'aie aucun objectif. N'aie aucun rêve de grandeur. Arrête de parler d'objectifs que les autres risquent de juger inatteignables. Reste réaliste, reste dans ta zone de confort, reste ordinaire.

C'était le message que l'on me serinait et vous voyez sans nul doute de quoi je parle. Mes objectifs dans la vie sont devenus très axés sur ce que faisaient les autres, sur ce qu'ils attendaient de moi et sur ce que je jugeais acceptable en société. J'avais arrêté d'écouter mon intuition, de lutter pour l'accomplissement de mes rêves et je me sentais comme Nemo essayant désespérément de rentrer chez lui.

Un volet important de la loi de l'attraction consiste à comprendre que l'objet de votre attention et énergie influe grandement sur ce qui vous arrive. Dans ce chapitre, je vais vous montrer comment vous fixer des objectifs enthousiasmants et les poursuivre même s'ils vous paraissent inaccessibles. Je souhaite que vous vous fixiez des objectifs qui vous transcendent, voire vous font légèrement frémir, car vous saurez alors que vous êtes vous-même et que vous vous autorisez à *vraiment* rêver en grand.

Vos objectifs doivent représenter quelque chose d'important à vos yeux

Les objectifs vous offrent une direction à suivre et éliminent ce sentiment de submersion. Et lorsque vous disposez d'un plan d'action pour réaliser ces objectifs, eh bien… le monde est à vous. Nombre de personnes que je rencontre me posent une question qui m'a très souvent taraudée : « Que suis-je censé faire de ma vie ? » En tant qu'humains, nous avons des besoins, et en dehors de nos besoins élémentaires (nourriture, toit et amour), nous avons tous le désir d'évoluer. Comme souligné dans la hiérarchie des besoins de Maslow, nous avons le désir « de devenir tout ce que l'on est capable de devenir ».

Les humains ont besoin de donner un sens à leur existence. Nous voulons connaître le succès, qui revêt différentes formes et ne se limite nullement à l'argent – au début de ce livre, j'ai écrit que, pour moi, le succès est de me sentir heureuse et libre. Tout ce que je fais dans mon existence m'offre le choix de satisfaire mes désirs et lui donne un sens. C'est *ma* façon de connaître le succès.

Mais quelle est votre vision de la réussite ? Le nombre de personnes à se poser pour réfléchir à ce qu'elles veulent est incroyablement faible. C'est la première pièce du puzzle à placer pour changer de vie, et je souhaiterais que vous preniez un moment pour vous asseoir dans le silence et réfléchir à la forme que pourrait prendre la vie idéale selon vous. Où vivez-vous ? Que faites-vous ? Combien gagnez-vous ? Êtes-vous marié ? Avez-vous des enfants ? Vous vivez peut-être seul en Thaïlande dans une cabane au bord de la mer ou vous avez épousé une danseuse de fandango en Équateur. Mais quelle que soit votre vie idéale, je souhaite que vous preniez quelques instants pour vous demander : que signifie réussir pour vous ? Quels *sentiments* éprouvez-vous face à cette réussite ?

Si vous montiez dans votre voiture et commenciez à rouler au hasard sans destination en tête, vous gaspilleriez du carburant et la frustration vous gagnerait. L'un de nos besoins élémentaires d'humains est d'évoluer, et en l'absence de toute progression, des frictions internes apparaissent. Quand notre existence manque de sens, nous errons, et ce manque d'épanouissement peut déboucher sur de l'anxiété, une dépression, de la colère, une maladie physique et une addiction (j'ai connu cette déchéance).

Et même les personnes qui réussissent peuvent éprouver ces émotions et vivre ces expériences si leurs objectifs sont destinés à obtenir un gain matériel. De nombreuses célébrités montrent des signes extérieurs de succès – argent, voitures, maisons, gloire –, et pourtant, les articles de presse regorgent d'histoires d'addiction et de dépression. Pourquoi ? Parce que ces personnes se sont concentrées sur une forme de succès basée sur le gain matériel, étant dominées par leur Ego et sacrifiant d'autres pans de leur existence. Et pour bon nombre, tout se finit de la même façon : elles se brûlent les ailes et se retrouvent en désintoxication. Je ne vous le souhaite pas. Je veux que vous ayez des désirs qui comblent votre Âme et vous rendent heureux. Je veux que vous deveniez la meilleure version de vous-même, et non que vous aspiriez à améliorer un seul domaine de votre vie.

L'important est également que vos objectifs émanent de vous. Croyez-moi, nombreux sont ceux à avoir des objectifs qui ne sont pas les leurs, mais feront la fierté de leurs parents, braqueront le regard de la société sur eux ou correspondent à leur idéal, alors que ces objectifs les rendent malheureux. Et je ne souhaite pas que vous vous fixiez ce type d'objectif.

Maîtriser à merveille la fixation d'objectifs

Je vais vous montrer comment vous fixer des objectifs que vous tiendrez absolument à atteindre, mais je souhaite également que vous utilisiez votre arme secrète : l'Univers !

Par quoi commencer ?

Tout d'abord, vous devez absolument savoir où vous allez. Entrez une destination dans votre GPS interne. Il vous faut être tout à fait au clair sur la signification du succès à vos yeux et bien avoir conscience de ce que cela vous fera lorsque vous l'aurez décroché.

N'oubliez pas : vous souhaitez faire preuve de maîtrise vibratoire. Énormément de gens se retrouvent dans une impasse, à ne pas savoir comment s'y prendre, parce qu'ils ont peur de laisser œuvrer leur imagination et de rêver en grand. Des questions telles que « Comment cela va-t-il se dérouler ? » leur encombrent l'esprit et ils ne savourent pas ces moments de magie et d'excitation face à ce qu'ils pourraient faire.

Maintenant que vous voilà averti, attrapez une feuille de papier ou servez-vous des pages vierges à la fin de ce livre et inscrivez en toute sincérité ce que vous désirez. Répondez à la question suivante : quel serait votre désir le plus profond dans la vie, même si vous n'aviez aucune idée de la façon de le matérialiser ? Il faut vraiment que vous répondiez sans aucun souci de réalisme. Mettez de côté le « comment ? ». Contentez-vous d'écrire. Je souhaite que vous vous *délectiez* de l'expression de votre désir.

Même si les détails de l'opération vous échappent, une simple idée de l'existence que vous souhaitez mener suffit et, surtout, votre ressenti une fois l'objectif atteint. N'oubliez pas que votre choix n'est pas définitif et peut évoluer. L'exercice « Passez à l'action ! » de la fin du présent chapitre vous aidera à clarifier le sujet, mais sachez simplement qu'une fois vos objectifs définis, des événements commenceront à se produire pour que votre souhait devienne réalité – à savoir si vous suivez dans son intégralité la procédure que je vais exposer !

Si vous avez du mal à répondre à la question posée précédemment, pensez aux choses qui ne vous satisfont pas actuellement. Ce sera un très bon début. Votre emploi vous déplaît, vous en avez marre de fêter Noël en tant que célibataire ou de fouiller dans les bacs où figurent tous les produits soldés de votre supermarché. Il est parfois plus facile de commencer par ce que vous n'aimez pas, puis de vous en servir pour évaluer ce que vous souhaitez changer.

Tout le monde n'a pas d'énormes objectifs en vue de changer le monde, et il n'y a aucun mal à cela. N'oubliez pas que le succès revêt la forme de votre choix, qui varie d'une personne à l'autre. Cependant, il est important de savoir ce que vous voulez, puis d'y mettre toute l'attention et l'amour que cet objectif mérite afin d'être atteint. L'attention est essentielle au fonctionnement de la loi de l'attraction. Le fait de fixer un excellent objectif permet à votre esprit de se concentrer sur quelque chose, et quelle que soit la nature de cet objectif, des événements vont commencer à se produire.

Je vais vous raconter ma vie et vous faire part des changements qui se sont produits pour moi. À l'hiver 2013, j'étais assise dans ma voiture, à pleurer comme une madeleine devant la crèche de ma fille. Je venais de laisser pour la première fois à tout un tas d'inconnus ma fille de 14 mois. Je me souviens très bien avoir ressenti au plus profond de moi un énorme désir de changement, afin de pouvoir quitter mon emploi et passer du temps avec ma fille.

Je n'avais aucune idée de ce qui allait se passer. À l'époque, j'avais simplement l'objectif de changer quelque chose et de me faire aider pour mettre en œuvre ce changement. J'avais envie d'éprouver un sentiment de liberté.

Je souhaite que vous vous imprégniez de cette phrase. Parfois, il n'est pas utile d'avoir en tête tous les détails, mais simplement de savoir ce que vous voulez ressentir au final et de laisser l'Univers vous montrer la voie. C'est exactement ce qui s'est produit pour moi et les deux ou trois années qui ont suivi se sont avérées des plus spectaculaires. Le creux de la vague m'a offert un repère pour savoir ce que je souhaitais changer.

Voyez-vous, lorsque nous nous sentons perdus et désorientés, si nous essayons de remédier au problème de manière logique, le fait de ne pas disposer de tous les détails du changement peut déclencher une résistance qui n'a rien d'agréable et nous prive de toute énergie. Lorsque j'ai demandé de l'aide, je souhaitais plus que tout disposer d'une solution pour sortir de ma situation. À partir de là, ce dont j'étais certaine, c'était de vouloir être ma propre patronne, ce qui me rendrait heureuse et libre et me permettrait de passer du temps avec mon bébé. Mon désir a été suffisamment intense pour mettre en branle l'Univers.

Une fois le désir présent, les rouages de l'Univers commencent à tourner pour que votre souhait se matérialise. Mais le résultat peut se concrétiser rapidement ou lentement, et je vais vous montrer ce qui fait la différence entre ces deux issues.

Antérieurement, j'ai souligné ignorer à l'époque que mon désir de changer de vie se matérialiserait par une série d'événements qui allait me conduire à ce moment précis : l'écriture de ce livre. Cependant, depuis que je me suis plongée dans la loi de l'attraction et la psychologie de la fixation d'objectifs, j'ai trouvé un moyen d'obtenir plus rapidement des résultats.

Voici comment mes désirs ont évolué :

1. Je me suis assise dans ma voiture, puis j'ai pleuré comme un bébé et souhaité gagner de l'argent afin de pouvoir rester à la maison. Mon souhait était de gagner 500 livres. (Ouais, je n'étais pas très ambitieuse, à l'époque !)

2. Quelques semaines plus tard, a atterri dans ma boîte de réception un courriel dont le titre était : « Vous voulez gagner 500 livres supplémentaires par mois ? » C'était l'un des premiers moments de grâce révélant que cette loi de l'attraction pouvait porter ses fruits. J'ai fini au sein d'un programme qui m'a appris à gagner 20 livres par-ci ou par-là, même si j'ai très vite compris que cela n'allait pas me mener à ma vie de rêve, et encore moins la financer.

3. J'ai monté à mon domicile une activité de vente de robes de mariée, après avoir convaincu mon mari de transformer notre chambre d'amis en boutique, puis j'ai commandé à un fournisseur chinois toute une gamme de robes. J'ai très vite réalisé que la plupart des gens à qui je m'adressais n'avaient aucune idée de ce que je leur demandais, et je me suis retrouvée avec une collection discutable de robes de mariée qui ne ressemblaient pas aux photos transmises. (Si vous êtes à la recherche d'une robe de mariée blanc cassé, mal taillée et légèrement rêche, j'en ai encore une, planquée dans mon grenier.) J'ai vite compris qu'il ne s'agissait pas de l'activité de mes rêves et j'ai lâché l'affaire.

4. J'ai dû revenir à l'emploi que je détestais et vers un patron qui me traitait franchement comme de la m… *C'est la vie.* J'avais besoin d'argent.

5. Je suis tombée par hasard sur un livre qui se trouvait sur une étagère de ma mère et que j'ai eu envie de lire. J'ai découvert le coaching, et je me rappelle très bien que mon Âme s'est mise à communiquer activement avec moi en me donnant la chair de poule. J'ai ressenti en moi cet enthousiasme instinctif. Je développe le sujet plus loin.

6. Après avoir posé ma candidature pour reprendre l'université et devenir coach, je suis tombée enceinte de ma deuxième fille. Alors que je passais mon diplôme de coach, j'ai recommencé à me faire du souci pour ma situation financière. J'allais être en congé maternité et ne voulais pas passer neuf mois supplémentaires à devoir économiser sur tout. J'ai donc émis le désir de trouver une solution.
7. Un autre courriel est arrivé, proposant des conseils pour créer une entreprise de produits Amazon.
8. La foi m'est revenue lorsque mon instinct a dit « oui, oui, oui ». Cela fait partie intégrante du processus que je vais aborder en détail plus loin.
9. J'ai réalisé mon premier chiffre d'affaires à cinq zéros grâce à l'activité de vente de produits Amazon pendant mon deuxième congé maternité, mais je ne me sentais toujours pas épanouie. J'ai donc de nouveau suivi mon instinct, ainsi que les signaux de l'Univers, et démarré mon activité de coaching. Et le reste appartient à l'histoire.

Comme vous pouvez le constater, les choses se produisent – certes pas du jour au lendemain (en deux ans, me concernant), mais ça bouge. L'Univers est intervenu pour m'aider, et j'ai suivi ses signaux et effectué des actes de foi quand j'en avais besoin. Ces signaux provenaient de mon Âme, que j'ai commencé à croire et à écouter malgré les interventions de mon Ego, qui contestait absolument le processus. Dans l'intervalle, je m'attelais également à devenir la meilleure version de moi-même, car je commençais à comprendre que celle-ci était capable de tout réussir. Et c'est ainsi que j'ai entamé mon périple spirituel et suis devenue une publicitaire de l'Univers à part entière.

Les règles de la fixation d'objectifs

Y penser ne suffit pas. Couchez votre objectif sur le papier !

Vous devez choisir un objectif majeur pour chacun des huit chemins de vie (voir la tâche « Passez à l'action ! » à la fin de ce chapitre). Prenez une décision. Réfléchissez à ce que vous souhaitez vraiment, puis consignez l'idée *par écrit*. Les objectifs couchés sur le papier sont bien plus puissants que ceux qui flottent dans l'air. Ils deviennent des choses physiques bien concrètes. Nombre d'études ont montré que les personnes qui notent leurs objectifs sont dix fois plus susceptibles de les atteindre. Et l'Univers se fiche que vous les notiez sur un carnet en cuir avec un stylo en argent ou sur une serviette en papier à l'aide d'un crayon. Toute séance d'écriture est un cérémonial qui vous aide à cristalliser vos désirs et vous offre un objet physique qui vous permet de centrer votre attention.

L'honnêteté reste une politique de premier choix

Vous devez également être totalement honnête avec vous-même sur ce que vous souhaitez. Si vous n'êtes pas bien aligné sur l'Univers, votre énergie se retrouvera éparpillée. Vos désirs sont parvenus à votre esprit pour une bonne raison : parce qu'ils étaient faits pour vous. Relisez cette phrase. Si vous avez un désir, il était *fait* pour vous. Si vous écrivez que vous souhaitez gagner 1 000 euros alors que vous désirez attirer 1 000 000 euros, soyez sincère. L'Univers connaît vos désirs les plus profonds. Alors il vaut mieux vous montrer sincère sur le papier et rêver en grand.

Cela doit paraître réel

Consignez par écrit des objectifs qui, même s'ils vous paraissent difficiles, sont atteignables pour vous. Si vous avez le sentiment qu'il sera totalement impossible de les remplir, votre énergie hurlera votre incapacité et vous n'y parviendrez *jamais*. Si vous n'êtes pas persuadé d'être capable de manifester votre désir, ne vous embêtez pas avec. C'est aussi simple que cela. Vous devez savoir que vous avez les capacités et que vous le ferez. Il n'y a pas de place pour le doute lorsqu'il s'agit de s'engager sérieusement envers l'Univers. Est-ce que vous n'êtes pas certain que votre meilleur ami vous apporterait une boîte de chocolats et de mouchoirs si vous rompiez avec votre petit ami ? Impossible. Ma meilleure amie serait au rendez-vous. Eh bien, l'Univers aussi !

Si je m'étais fixé l'objectif d'empocher 100 000 livres au cours de mon premier mois d'activité, je n'aurais pas été capable de définir un plan d'action pour y parvenir, et nous sommes toujours contraints de rencontrer l'Univers à mi-chemin. Cela n'aurait pas été une bonne préparation au succès et, en fait, j'aurais échoué. À ce stade, mon activité existait à peine. Lorsque nous nous fixons des objectifs qui nous paraissent largement hors de portée et que nous ne les atteignons pas, nous perdons confiance, et ce manque de confiance nous pousse à remettre en cause nos compétences. Je savais qu'il était possible de générer un chiffre d'affaires à cinq zéros en un mois, car j'avais vu des personnes le faire, mais je ne me croyais pas (encore) capable de réussir cela.

J'ai donc commencé à me fixer des objectifs qui m'enthousiasmaient tout en me paraissant atteignables, et j'ai gravi les échelons. J'ai ensuite échafaudé un plan et bouclé mon premier mois à 100 000 livres lors du dixième mois. J'avais un plan et l'Univers a fait une entrée en fanfare et m'a aidée à m'envoler. J'adore sa façon de procéder et je tiens à ce que vous sachiez qu'il fera la même chose pour vous.

Mais n'oubliez pas : vous devez échafauder un plan pour qu'il se passe quelque chose. Un désir se transformera en chose concrète seulement si vous mettez toute votre énergie et attention, puis permettez à l'Univers d'œuvrer en votre faveur. Malheureusement, rester là à regarder *Game of Thrones* dans votre canapé ne vous mènera pas à la réalisation de vos objectifs, mais un plan d'action limpide pour faire évoluer votre entreprise, perdre du poids ou rencontrer l'homme ou la femme de vos rêves vous le permettra.

Être précis et formuler les choses au présent

L'Univers adore les détails croustillants. La précision renforce la concentration. Si vous désirez une voiture – quelle marque et quel modèle ? Si vous voulez avoir un petit ami, à quoi il ressemblera ? Le succès nous fuit souvent lorsque nous refusons de définir avec précision notre souhait et le délai pour qu'il soit exaucé, alors que lorsque ces deux critères sont respectés, l'entreprise paraît moins effrayante. Et si nous échouons, nous pouvons toujours rêver ou nous dire : « Demain est un autre jour. »

Assurez-vous donc d'avoir bien inscrit des dates en regard de chacun de vos objectifs. Définissez une date butoir, mais ne vous en voulez pas si vous ne la respectez pas. Ces délais ne sont pas gravés dans le marbre et vous n'allez pas vous volatiliser si vous n'avez pas bouclé l'affaire dans les temps – cela vous offre simplement une cible. Je m'étais fixé comme objectif de disposer d'un accord pour un livre en décembre 2017. Cela ne s'est pas produit. Est-ce que j'ai abandonné ou est-ce que je me suis réprimandée ? Pas du tout. J'ai estimé que l'Univers me réservait un plan plus important et j'ai décidé d'une autre date, qui constituait un point de repère pour mon énergie, croyant dur comme fer que ce livre se retrouverait un jour entre vos mains. Et, devinez quoi ? C'est le cas !

Les objectifs fixés au futur créent, pour le cerveau, un vide mental appelé tension structurale. Quand vous posez les choses au présent, ce vide se retrouve comblé et vous pouvez ainsi croire que l'entreprise est possible. Et croire que c'est possible est précisément l'énergie dont vous avez besoin pour manifester.

Par conséquent, consignez vos objectifs par écrit comme s'ils avaient déjà été atteints :

- « Je gagne 250 000 euros par an. »
- « J'ai le petit ami le plus incroyable du monde, qui m'achète des roses toutes les semaines. »
- « Je pèse 55 kilos. »
- « Je suis dans le livre *Guinness des records* pour avoir mangé le plus de beignets en une minute. »

Peu importe la nature de votre objectif. Formulez-le simplement comme si vous l'aviez atteint.

Rétroconception

C'est le moment où vous commencez à planifier l'accomplissement de vos objectifs. Et c'est là que la psychologie et la spiritualité entrent un peu en conflit et que je vais vous aider à mettre de l'ordre dans ce bazar.

Le point de vue purement psychologique vous ferait opter pour des objectifs spécifiques, mesurables et minutieusement planifiés. Pas à pas. Le gourou de la spiritualité vous dirait de vous détendre, de faire confiance à l'Univers et de lâcher prise. J'appartiens aux deux camps, et je vous dis depuis le début que la stratégie a sa place dans la spiritualité et l'irrationalité la sienne dans la psychologie. C'est la botte secrète pour réussir dans l'existence.

Je souhaite donc que vous planifiiez, que vous soyez bien concentré à chaque étape et que vous ayez en tête un résultat d'ensemble. Le meilleur moyen d'y parvenir est d'opter pour la rétroconception et de définir les cinq étapes cruciales (pas plus) qui vous permettront d'atteindre vos objectifs.

Je désire ensuite que vous vous investissiez dans un processus qui vous permettra de parvenir à vos fins, de manière à ce que vous ne vous focalisiez pas sur l'absence de désir à un moment donné. Mais c'est là que mon côté spirituel se lève et dit : « Suivez ce plan, mais sachez qu'à tout moment, l'Univers peut venir dévier légèrement votre trajectoire ou vous donner satisfaction plus tôt que prévu. »

J'avais une cliente qui souhaitait manifester 300 000 dollars dans son activité. Elle n'a pas arrêté de planifier, d'exécuter, n'a pas généré professionnellement ces 300 000 dollars, mais a hérité un jour de 300 000 dollars. Elle a obtenu le résultat souhaité, mais par un autre biais que celui escompté. Mais son énergie étant axée sur son plan, elle était dans le mouvement et s'amusait bien. Elle ne se souciait pas de la future provenance de ces 300 000 dollars. Elle croyait simplement fermement qu'elle allait les empocher.

La foi, rien que la foi

Une fois votre objectif bien clair dans votre tête, il nous faut ajouter un ingrédient spécial qui fera partie intégrante de votre succès. Entendons-nous bien : si vous regardez la liste d'objectifs consignés par écrit et que vous n'êtes pas persuadé qu'ils sont atteignables, il vous manque alors un ingrédient vital pour cocher l'un après l'autre ces éléments. Comme le disait le regretté George Michael : « Vous devez avoir la foi, la foi, la foi. » Dans l'exercice « Passez à l'action ! », je vais vous demander de décomposer chaque objectif en étapes, puis de cocher celles-ci une à une. Les objectifs peuvent paraître démesurés et effrayants, et au lieu de vous pencher sur l'étape suivante, vous finissez par vous concentrer sur l'immense vue d'ensemble que votre cerveau n'est pas en mesure de traiter. Venir à bout d'une étape vous permet de sculpter votre muscle de la foi et d'obtenir la confiance nécessaire pour passer au stade suivant. Parfois, il faut que la foi soit un acompte pour votre avenir.

Ayez foi en votre capacité à manifester tout ce que vous souhaitez et vous récolterez les fruits de vos efforts. Vous devez croire en vous et en l'Univers. Vous devez sentir que cet objectif vous appartient et que vous méritez de l'atteindre, sous peine de ne pas y parvenir. Il vous suffit de décider, de formuler une intention et d'avoir un plan, tout en gardant la foi et en y croyant.

Franchissez les étapes jusqu'à la matérialisation de votre but, mais laissez l'Univers se charger du reste.

Vérifiez que tous vos objectifs sont bien alignés sur votre vision personnelle de la vie et qu'ils pourront vous amener jusqu'à l'issue générale décidée concernant votre existence. Il est indispensable que vous développiez votre muscle de la foi. Vous recevrez alors des petits signes de la part de l'Univers indiquant que vous êtes sur le bon chemin, si vous continuez d'être vigilant.

Si vous voyez apparaître des choses liées à votre objectif, notez-les. J'appelle cela ma liste de preuves, car c'est le signe que l'Univers œuvre pour mon compte.

Amusez-vous !

N'oubliez pas de vous fixer des objectifs que vous prendrez plaisir à atteindre – une émotion positive doit être liée au processus. Pourquoi ? Car vous serez alors certain d'être branché sur Radio Univers et vous parviendrez à destination bien plus rapidement. Lorsque vous vous amusez et êtes axé sur votre intention (désir), l'Univers orchestre un nombre infini d'événements pour matérialiser vos désirs. Il est toujours de votre côté, c'est votre meilleur ami, n'oubliez pas ! L'intention et l'attention sont associées lorsque vous manifestez.

Mais nombre de « manifestants » passent à côté d'une mise en garde. Votre objectif a beau concerner le futur, votre attention et énergie doivent rester dans le présent. Si vous pensez en permanence à l'absence de la chose que vous essayez de manifester, votre énergie bascule et vous vous retrouvez en fait à repousser ce que vous désirez. Voilà pourquoi nous devons apprendre à devenir extrêmement lucides et conscients des choses.

S'attendre à l'inattendu

Parfois, l'Univers offre quelque chose de légèrement différent de votre souhait original. Il vous arrivera de vous demander pourquoi l'issue est différente, mais soyez assuré que si vous suivez la procédure décrite dans le présent ouvrage, régulez votre énergie et augmentez votre fréquence vibratoire, l'Univers ne vous apportera que d'excellentes choses. Le résultat peut s'avérer légèrement différent, mais sera préférable à ce qu'a conçu initialement votre esprit conditionné.

Cela signifie également que vous devez rester *ouvert* à l'occasion qui se présente et *détaché* de l'issue. Vous conservez l'intention d'aller dans une direction donnée (votre objectif). Cependant, entre le point A et le point B, il existe un nombre infini de possibilités et d'itinéraires. Lorsque vous prenez en compte l'incertitude, vous partez du principe qu'un changement de direction est possible à tout moment si vous trouvez quelque chose de plus enthousiasmant.

Être précis permet de centrer votre attention, mais également d'adopter une souplesse d'esprit pour admettre que l'Univers peut vous surprendre en vous apportant quelque chose d'encore plus génial.

L'HISTOIRE D'EMMA

Emma concentre toute son énergie sur la création d'une entreprise florissante et gagne plus d'argent qu'elle n'en a jamais empoché. Le problème, c'est qu'elle ne peut

→

jamais apprécier sa situation, car son mari déclenche sans arrêt des disputes, se plaignant de ne jamais la voir. Son mari étant constamment dans le conflit, Emma cherche chaque jour du réconfort dans le chocolat et n'arrête pas de grossir. Et désormais, lorsqu'elle se regarde dans le miroir, elle se sent minable. Quand ses amis lui demandent d'aller au restaurant avec eux, elle trouve des excuses pour décliner les invitations, car elle estime que plus aucune tenue ne lui va. Coincée chez elle, elle se sent frustrée et ce sont ses enfants qui trinquent.

Pour connaître une réussite équilibrée dans votre existence, vous devez vous concentrer sur huit domaines. Nombreux sont ceux à mettre toute leur énergie dans l'amélioration d'un pan de leur existence tout en négligeant les autres. Je suis intimement persuadée que c'est la raison pour laquelle énormément de personnes ne se sentent pas épanouies.

Lorsque je me suis attachée et engagée à faire progresser mon existence à tous les niveaux, c'est là que la magie s'est mise à opérer. J'étais tellement investie dans la création de la meilleure version de moi-même que je ne me souciais de rien d'autre et je ne me comparais plus aux autres.

L'HISTOIRE DE HARRY

Harry a eu une promotion, mais celle-ci implique de nombreux déplacements, et ses habitudes alimentaires et sa santé passent au second plan. Il avait l'habitude de faire du bénévolat au sein de l'église de sa paroisse, ce qui l'épanouissait, mais il est désormais tellement fatigué que, le week-end, il n'a qu'une envie : s'asseoir dans son canapé et regarder Netflix. Cela fait très longtemps qu'il aspire à rencontrer l'élue de son cœur, mais il n'a désormais plus d'énergie à cause d'une mauvaise alimentation, et sa vie sociale en pâtit.

L'HISTOIRE DE CLAIRE

Claire est une personne extrêmement sociable. Elle adore faire la fête et a beaucoup d'amis, mais elle se sent professionnellement perdue. Elle enchaîne les gueules de bois et va au travail sur pilote automatique. Elle dépense son argent dans des tenues de créateur pour être prête pour la prochaine fête. Elle n'épargne pas et désire en son for intérieur quitter son emploi afin de monter son entreprise, mais elle ne sait pas comment s'y prendre et craint que sans l'argent que lui rapporte son métier actuel, sa vie sociale parte à vau-l'eau, alors que c'est la seule chose qui la rend heureuse (ou tout du moins le croit-elle). Vu son niveau de dépenses, elle ne peut s'offrir un abonnement à la salle de sport et ne fait donc pas beaucoup d'exercice physique.

Comme le montrent ces histoires, tous les domaines de notre vie sont inextricablement liés et ont un impact les uns sur les autres. Voilà pourquoi connaître le vrai bonheur durable implique de se fixer des objectifs qui tiennent la route dans tous les domaines et de s'engager à évoluer de manière équilibrée.

Prêt pour les étapes suivantes ?

Une fois que vous aurez bien en tête les objectifs à poursuivre dans chaque domaine de votre vie, vous aurez une idée claire de l'orientation à suivre et saurez ce que vous voulez, carburant nécessaire pour passer à l'action.

- Mettez en œuvre votre plan.
- Passez à l'action et *faites confiance* à l'Univers, qui s'occupera des détails.

Souvenez-vous que L'univers vous fournit la terre et les graines (l'énergie et les informations), mais effectuer les travaux des champs (l'attention) et garder la foi (l'intention) qu'un jour la graine poussera pour donner cette tomate bien rouge et juteuse (la manifestation de vos désirs) est de votre ressort. Ayez bien conscience que lorsque les choses ne semblent pas aller dans votre sens, il existe une raison qui dépasse votre compréhension. Comme dans *La Reine des neiges*, il y aura toujours un endroit et un moment pour canaliser votre Elsa intérieure et vous retrouver « Libérée, délivrée ».

Faites exactement ce que vous feriez si vous aviez aujourd'hui ce que vous voulez et prenez les mesures pour refléter cette attente et ces puissants désirs. Vous devez faire place pour que vos souhaits puissent entrer en vous et comprendre que l'attente est une force d'une puissance réellement impressionnante. Nous approfondirons le sujet plus loin.

Idées essentielles à retenir

- ★ Pour connaître le succès dans votre existence, vous devez savoir où vous allez.
- ★ Même si vous ne distinguez pas bien l'itinéraire à emprunter, sachez simplement ce que vous souhaitez ressentir. Clarifiez la nature de votre vie idéale.
- ★ Consignez par écrit les objectifs que vous souhaitez atteindre dans les huit domaines de votre vie. Lorsque vous vous attacherez à devenir la meilleure version de vous-même, il vous sera mille fois plus facile d'obtenir ce que vous désirez.
- ★ Planifiez, planifiez, planifiez. Acceptez néanmoins que le plan puisse changer.
- ★ Mettez en œuvre un rituel quotidien de fixation d'objectifs afin de que la magie puisse opérer.

PASSEZ À L'ACTION !

Équilibrez vos objectifs fantastiques

Vous devez vous fixer des objectifs dans huit domaines de votre vie. Lorsque vous vous concentrez sur ces huit domaines et définissez des objectifs étalés sur l'année, cela a un effet cumulatif sur toute votre existence. Si vous pouviez vous améliorer dans tous les domaines, ne serait-ce qu'un tout petit peu, mois après mois, à la fin de l'année, votre existence aurait sacrément changé d'allure.

Voici ces domaines :

- Spirituel (votre connexion à l'Univers/Dieu… quel que soit le nom que vous lui donniez).
- Émotionnel (votre relation avec vos proches/votre partenaire/vos enfants).
- Physique (votre santé physique).
- Mental (votre apprentissage et votre développement mental).
- Social (vos amis et votre communauté).
- Altruisme (ce que vous donnez aux autres).
- Professionnel (votre métier).
- Financier (votre rapport à l'argent et la façon dont vous créez votre richesse).

Fixez-vous des objectifs sur douze mois dans chacun de ces domaines. Puis procédez à une rétroconception et décomposez ces objectifs en *cinq étapes clés* maximum. Vous pouvez avoir plusieurs objectifs, mais limitez-vous à trois par domaine, sous peine de vous retrouver submergé. Il faut prendre en compte tous les domaines de la vie afin de conserver un certain équilibre.

Bien que la vie puisse paraître super, même si vous ne connaissez la réussite que dans un ou deux domaines, imaginez comme ce serait génial de pouvoir vous améliorer dans tous ceux énumérés ci-dessus ! Quel plaisir de vous retourner sur l'année écoulée pour constater que votre santé, votre situation financière, vos relations et votre vie professionnelle ont tous progressé. Ce serait *fantastique*, n'est-ce pas ?

Vous pouvez télécharger une version enrichie de cet exercice de fixation d'objectifs à l'adresse suivante : *www.noorhibbert.com/book* (en anglais).

4

Adieu les affres de la comparaison

Occupez-vous à bâtir votre réussite au point de ne même plus prêter attention à ce que font les autres.

Je suis ravie que vous ayez pris le temps de commencer réellement à vous pencher sur vos objectifs d'envergure et la tournure que devrait prendre votre vie. Le moment est venu pour vous de concrétiser votre vision. Pour vous lancer à la poursuite de gros objectifs effrayants, vous devez avoir totalement conscience de votre situation actuelle, de ce qui vous anime et de ce qui ne sert pas vos intérêts. Il est l'heure de créer activement la meilleure version de vous-même, spirituellement, émotionnellement et mentalement afin de pouvoir vous lancer.

Une femme merveilleuse est venue solliciter mon aide et m'a dit que je représentais tout ce à quoi elle ne croyait pas. Mais elle s'est également rendu compte qu'après avoir passé quarante-trois ans à faire les choses « à sa manière » sans vraiment atteindre le degré d'épanouissement qu'elle désirait, le moment était venu de changer. Il faut du cran pour admettre que votre existence n'est pas le beau tableau parfait que vous vous êtes attelé à présenter sur les réseaux sociaux, et encore plus de courage pour décider de la modifier.

J'ai compris son parcours car, quelques années plus tôt, je me suis précisément retrouvée à sa place et c'est une prise de conscience qui m'a permis de me dévoiler avant de me reconstruire. Je suppose que vous ne cernez pas complètement tout ce que l'existence a à offrir et que vous continuez de consulter les publications Instagram parfaitement filtrées des autres en vous demandant comment ils peuvent bien faire pour s'en sortir aussi bien. Vous passez peut-être des heures à vous demander pourquoi vous ne gagnez pas autant d'argent, vous enchaînez les relations amoureuses malheureuses ou vous gâchez votre temps à mener une lutte fratricide vaine contre votre corps, alors que, sur les réseaux sociaux, tout le monde semble faire précisément l'opposé et prend un malin plaisir à le faire savoir au monde entier – #selfie. L'une de ces choses ou toutes ces choses vous rappellent quelqu'un : je vous entends, je vous vois et je vous ai bien démasqué.

Le complot de la comparaison

Je souhaite vous informer de quelque chose dont j'ai fini par prendre conscience : je ne pense pas que ce soit la curiosité qui ait tué la chatte. Je vais vous raconter la véritable histoire : un jour est née une magnifique chatte. Heureuse, insouciante et pleine de joie, elle était destinée à devenir une chatte sensationnelle. Puis un jour, elle s'est mise à regarder les autres chats, qui avaient une couleur de robe différente, certains étant de meilleurs chasseurs de souris, d'autres obtenaient une affection plus marquée de la part de leur maître. Puis est arrivé le moment qui allait changer pour toujours le parcours de vie de cette chatte, à savoir la première fois où elle s'est demandé : « Qu'est-ce qui cloche chez moi ? » Le fait de ne pas être comme les autres chats était pour elle un véritable fardeau, qui a débouché sur une dépression féline. Elle en a eu tellement marre d'essayer de reproduire la vie idéale des autres qu'elle a fini par jeter l'éponge. Vous voyez donc que ce n'est pas la curiosité, mais la comparaison qui a tué cette chatte.

Je souhaite que vous repensiez aux fois où vous avez essayé de progresser, d'être meilleur que les autres, de décrocher la première place, d'avoir les meilleures notes, d'entrer dans la meilleure université, de travailler dans la plus grande entreprise, de posséder la plus belle voiture, d'acheter la plus grande maison ou d'être le plus aimé.

Contre qui vous battiez-vous ? Qui définissait vos attentes ? Dans quel domaine dites-vous : « Elle est meilleure que moi », « Comment a-t-il fait pour prendre si vite autant d'avance ? » ou « Pourquoi est-elle beaucoup plus jolie, plus mince ? » Il vous arrive peut-être de comparer votre vie de couple, vos enfants, votre carrière ou votre corps avec ceux des autres. Dans quels domaines êtes-vous aveugle aux possibilités de progresser personnellement parce que vous êtes obnubilé par le succès des autres ?

Il semble dingue que nous vivions notre existence en fonction des attentes d'autrui, mais nous sommes pourtant conditionnés à agir ainsi dès que nous sortons du ventre de notre mère pour happer la première goulée d'air frais ou, dans le cas de mes deux premières filles, pour entendre toute une salve de jurons. (J'étais d'un calme olympien pour la troisième, car elle est née sur mon canapé, mais c'est une autre histoire.)

Étant bébé, l'être humain ne passe pas son temps à regarder les autres bébés en pensant : « Oh mince, celui-là a commencé à marcher – je suis nul, moi ! » Ces jalons imaginaires auxquels nous nous référons inconsciemment pour nous comparer nous sont en fait imposés, lorsque nous sommes enfants, par nos parents, nos enseignants et la société au sens large. À l'école se joue une véritable course pour savoir qui est le plus intelligent, le plus sportif ou qui décrochera le rôle principal dans la pièce de théâtre de fin d'année scolaire. En vieillissant, au travail, c'est à qui sera l'employé préféré du patron, décrochera une promotion ou s'attirera les faveurs du nouveau canon qui vient de débarquer dans l'entreprise.

Nous nous retrouvons involontairement sur le tableau de comparaison de la vie accroché devant nos yeux et qui nous incite à penser que nous ne sommes pas assez bien ou pas à la place que nous devrions occuper. Cela crée un sentiment angoissant de ne pas être capable de rejoindre cette destination difficile à atteindre où tout est « simplement parfait ». Ce sentiment vous plonge dans un état, sur le plan de l'énergie, qui n'est absolument pas propice au succès ou à la manifestation. La réalité, c'est que dans tous les domaines de notre vie, il existe toujours un moyen d'avoir le sentiment d'échouer. Puis, quand cela devient une tendance au fil du temps, nous nous retrouvons avec un système de croyances profondément ancré et totalement erroné concernant l'être que nous sommes réellement qui détermine notre futur parcours. Voilà pourquoi, dans le chapitre précédent, je vous ai demandé de vous concentrer sur ce que vous souhaitez réellement dans la vie et non sur ce que vous *estimez* désirer en fonction des autres.

À l'hiver 2005, j'étais sur le point de me rendre dans les locaux du syndicat étudiant pour une autre soirée de débauche alcoolisée avec mes meilleures amies. En les voyant revêtir une superbe robe moulante taille 38 sur leur corps magnifique et mettre du maquillage sur leur peau parfaitement claire, je fus prise d'un sentiment familier. En balayant du regard mon physique aux courbes généreuses et en appliquant consciencieusement une solide couche de fond de teint pour masquer la toute dernière poussée de boutons, je ressentis colère, envie et tristesse. Je me trouvais grosse et peu séduisante, et ce n'était pas juste. Je me souviens très bien m'être jetée par terre, puis avoir fondu en larmes et eu la nausée, avant de ressentir du mépris pour moi-même parce que je n'étais bonne à rien. En fait, je n'étais pas en surpoids, mais *par rapport à* mes amies, je me sentais énorme.

Lorsque vous traversez l'existence ainsi, vous vous préparez à l'échec et non au succès, car si vous observez en permanence les autres faire mieux, avoir meilleure allure, être meilleurs, vous trouverez systématiquement que c'est en effet le cas. En psychologie, on parle de biais de confirmation. Et pour ceux qui souffrent d'une faible estime de soi, à chaque fois qu'ils effectuent des comparaisons, ils alimentent ce fichu Ego qui n'a de cesse de jacasser, jusqu'à ce que ce dialogue intérieur négatif les entraîne dans une spirale descendante menant droit à la dépression. Lorsque je venais d'avoir 20 ans, je n'ai pas réalisé que j'avais le choix de changer tout ce que je n'aimais pas chez moi. Mais j'étais tellement prisonnière de ma mentalité de victime que je ne voyais pas les occasions d'évoluer qui se présentaient à moi. Je choisissais plutôt de noyer ma peine dans des shots de tequila bon marché que je ne manquais pas de vomir le lendemain matin. Sexy !

D'un point de vue psychologique, on dit que nous effectuons des comparaisons afin de nous évaluer, ce qui permet ensuite à notre cerveau de comprendre qui nous sommes, nos points forts et faibles. Cela se produit à la fois consciemment et inconsciemment. Puis il y a le monde des réseaux sociaux en constante expansion, qui revient à mettre de l'huile sur le feu de la comparaison. Les réseaux sociaux ont décuplé le nombre d'informations dont nous disposons sur les personnes auxquelles nous sommes exposés et contraignent notre esprit à les évaluer en allant au travail, lorsque nous faisons pipi ou sommes au fond de notre lit à deux heures du matin. Au lieu de nous comparer seulement à nos meilleurs amis, nous évaluons le monde entier, et il est alors très facile de comparer notre quotidien aux fragments de vie retouchés et filtrés d'autrui.

Le problème, c'est que l'être humain observe ce qui se passe autour de lui avant de décider ce qu'il veut ressentir, et je tiens à ce que vous en ayez conscience et que vous changiez cela afin de vous libérer de l'emprise des comparaisons qui pèse sur vous et vous empêche de vivre l'existence dont vous rêvez. Lorsque vous parcourez le fil info et êtes bombardé d'images qui ne servent qu'à vous rappeler ce que vous ne vivez pas, vous renforcez la négativité qui pollue déjà votre esprit. Cela accroît les peurs, les pressions et les insécurités en vous montrant les morceaux choisis de la vie des autres.

Lorsque vous vous comparez en permanence aux autres, comment savoir réellement ce que vous souhaitez ou être heureux de votre situation ? Si vous cherchez perpétuellement à copier connaissances ou célébrités, vous niez que vous avez le talent nécessaire pour trouver votre raison d'être et vivre une existence heureuse. En outre, si vous êtes obnubilé par ce que possèdent les autres, vous penserez à tort que cela correspond à ce que vous souhaitez.

Qu'est-ce que cela vous ferait de considérer les choses autrement ?

Et si vous cessiez de regarder le monde extérieur pour observer votre Âme ? Elle est là pour vous guider pas à pas vers la destination choisie avec précision. Cependant, pour entendre votre Âme, vous devez faire baisser le bruit. Ne serait-il pas carrément libérateur d'être capable d'ignorer les succès ou échecs des autres afin de pouvoir vous concentrer uniquement sur vous-même : apprendre plus, aimer plus et devenir la version la plus héroïque de vous-même ?

Pourquoi ne pas assumer totalement votre existence dans toute sa gloire et vous atteler à devenir la meilleure version de vous-même et non celle qui se compare à tous ceux qui vous entourent ? Cela vous permettra d'exploiter tout votre potentiel situé au plus profond de votre être et qui n'a encore jamais été sollicité. Le fait de vous centrer sur les autres est épuisant et risque de nuire à la manifestation de vos désirs. Lorsque vous êtes obsédé par votre progression personnelle sans vous référer aux autres, vous permettez à la magie d'opérer dans votre vie et à votre pouvoir de manifestation de se libérer. Occupez-vous à bâtir votre réussite au point de ne même plus prêter attention à ce que font les autres.

Bien entendu, s'évaluer par rapport aux autres est un modus operandi de l'esprit humain. Cela peut s'avérer utile à certains égards, à condition de contrôler ses pensées. L'inspiration procurée par la réussite d'autrui peut vous pousser à améliorer votre propre existence. Je sais que voir quelqu'un afficher ses fessiers musclés à la salle de sport m'incite à faire tous les efforts possibles pour obtenir le même résultat. Qu'est-ce que cela vous ferait d'être inspiré par les succès des autres et de savoir que si les autres en sont capables, vous l'êtes également ?

J'ai fait le choix délibéré d'avoir pleinement conscience de ce que je ressens lorsque je me compare aux autres. Quand j'ai senti ce petit monstre diabolique aux yeux verts venir se percher sur mon épaule, je m'en suis servi pour me pousser à faire mieux. Je me suis rendu compte que si j'éprouvais de l'envie en voyant les autres, cela signifiait que je désirais avoir la même chose. Qu'il s'agisse de photos d'abdos bien dessinés, d'une piña colada sur la plage ou d'un couple heureux, je suis partie du principe qu'il s'agissait de mes désirs et j'ai fait en sorte de les satisfaire. Je suis intimement persuadée que si un désir naît en nous, c'est qu'il est fait pour nous. Servez-vous de votre jalousie comme catalyseur de votre développement personnel.

Le moment est venu de faire le point.

Lorsque les réseaux sociaux vous donnent le sentiment de ne pas être à votre place, il existe des moyens qui coulent de source de vous débarrasser de votre angoisse. Il est possible de tout arrêter d'un seul coup avant d'entamer votre périple de découverte de soi et de prise de conscience et supprimer toutes les applis ou même désactiver vos comptes. Vous pouvez également prendre votre liste d'amis et rayer ceux qui génèrent en vous des émotions négatives, tout en travaillant sur votre moi jusqu'à ce que vous vous en fichiez complètement.

En fin de compte, la meilleure des protections contre les affres de la comparaison – et le meilleur moyen d'en sortir – est de développer et cultiver une perception de soi stable. Cela signifie vous attacher à renforcer votre identité et estime de soi, à mettre votre énergie dans des cibles bien choisies qui vous correspondent vraiment et à demeurer fidèle à vos croyances et valeurs. Il s'agit essentiellement d'assumer et d'être fier de la personne que vous êtes dans la vraie vie et non de l'individu que vous cultivez pour Instagram.

La clinique anti-comparaison

Les Australiens sont un peuple particulièrement ingénieux. J'ai récemment découvert, à l'occasion d'un voyage à Sydney, que l'Australie est dotée de cliniques anti-gueule de bois. Vous vacillez avec l'envie de mourir parce que votre cerveau s'est transformé en bouillie informe à cause d'un redoutable mélange d'alcools ? Ils vous placent une perfusion et, trente minutes plus tard, vous voilà devenu une nouvelle personne. Eh bien, je souhaite que vous imaginiez qu'il est temps pour vous de vous retrouver placé sous perf anti-comparaison.

La première étape pour manifester tout ce que vous désirez dans la vie est de *vous débarrasser* de cette croyance selon laquelle vous êtes en concurrence avec le monde extérieur. Mettez-vous plutôt à vous pencher sur votre Âme pour bénéficier des conseils qu'elle prodigue. Lorsque vous recherchez une validation, une acceptation ou une récompense extérieure, vous abandonnez votre pouvoir. Accrochez-vous à ce dernier en décidant qu'à partir d'*aujourd'hui*, vous allez assumer votre périple et votre existence et faire le choix résolu de définir vos propres attentes au lieu de respecter celles qui vous ont été imposées pendant toute votre vie. Prenez la décision courageuse de ne plus souffrir en comparant les progrès d'autrui aux vôtres.

Immédiatement, toute peur, anxiété et colère commencera à se dissiper. Il ne sera question que de vous et de votre voyage intérieur. Vous vous mettrez à vous aligner sur l'Univers et à attirer ceux qui réalisent le même périple que vous. Et c'est ainsi que vous commencerez à célébrer la réussite d'autrui, source d'inspiration. À mesure que vous changerez votre univers intérieur, le monde extérieur se mettra lui aussi à évoluer. En devenant une meilleure version de vous-même, vous commencerez à manifester les choses les plus incroyables au monde.

Je souhaite que vous décidiez d'apprendre de vos succès et échecs et partiez du principe qu'ils ne reflètent pas votre valeur. Décidez de ne plus vous laisser définir par ce que vous possédez et avez réalisé, mais par *l'être que vous êtes au fond de vous* – à savoir un humain exceptionnel doté de tout le potentiel nécessaire pour créer ce qu'il désire. Ayez bien conscience que si vous progressez chaque jour dans tous les domaines de votre vie, vous êtes là où vous devez être. Si vous n'avez pas effectué la tâche « Passez à l'action ! » du chapitre 3, retournez-y et exécutez-la. Vous disposerez ainsi des bases pour être concentré à fond sur vous-même.

Un moyen extraordinaire pour que la perf anti-comparaison diffuse progressivement sa magie consiste à vous estimer heureux chaque jour et à vous montrer très reconnaissant de ce qui vous satisfait dans la vie. Les personnes heureuses se basent sur elles-mêmes pour s'évaluer, et je tiens à ce que vous en fassiez autant. Au lieu de vous comparer aux autres, comparez-vous plutôt aux précédentes versions de vous-même. Il est bien plus efficace de tenir compte de vos progrès personnels.

Idées essentielles à retenir

- ★ C'est la comparaison qui a tué la chatte, pas la curiosité.
- ★ Lorsque vous êtes obnubilé par les succès des autres, vous ne voyez pas les occasions qui se présentent pour garantir votre progression personnelle.
- ★ Au lieu de rechercher une quelconque validation extérieure, regardez à l'intérieur de vous-même.
- ★ Si la consultation des réseaux sociaux se mue en véritable essai comparatif, arrêtez d'aller dessus.
- ★ Votre périple est le vôtre et celui de personne d'autre – cherchez seulement à être meilleur qu'hier.

PASSEZ À L'ACTION !

Envoyez balader l'échec

Cette tâche consiste à découvrir qui fixe vos jalons et critères de jugement et dans quels domaines vous souffrez des affres de la comparaison.

Passez en revue tous les domaines de votre existence dans lesquels vous avez le sentiment d'avoir « échoué » ou vous pourriez vous améliorer.

- Pourriez-vous ou devriez-vous être en meilleure forme ?
- L'amour pourrait ou devrait-il être plus présent dans votre vie ?
- Vos finances pourraient-elles ou devraient-elles être plus florissantes ?
- Pourriez-vous ou devriez-vous avoir des amitiés de meilleure qualité ?
- Votre activité professionnelle pourrait-elle ou devrait-elle être en meilleure santé ?
- Pourriez-vous ou devriez-vous être plus au service du monde ?

Sur la base de cette liste, consignez par écrit vos trois principaux échecs perçus.

Vous disposez désormais d'une liste comprenant trois échecs perçus.

Je souhaite que vous trouviez selon les critères de qui vous estimez avoir échoué. Fouillez en profondeur de manière à savoir qui ou quel élément tire les ficelles.

- S'agit-il des magazines et des émissions de télévision ?
- S'agit-il de vos parents ou frères et sœurs ?
- S'agit-il de vos amis ?

Comment en êtes-vous arrivé à la conclusion que votre situation est la preuve que vous avez échoué et non simplement la place que vous devez occuper ? Vous pourrez ensuite passer à la phase suivante.

Qui a décidé que le stade que vous avez atteint à ce jour représente un échec ?

Retournez-vous maintenant sur votre passé :

- Quel était votre point de départ ?
- Quelle a été votre évolution pour devenir l'être humain exceptionnel que vous êtes aujourd'hui ?

Réfléchissez aux occasions d'évolution que cet échec a mis sur votre route et aux futurs bienfaits de cette évolution.

Adoptez comme mantra :

Je suis précisément dans la situation où je dois être et je sais exactement où aller.

C'est mon périple, et je vais l'adorer.

5

Haro sur les conneries !

Pour avancer courageusement dans l'existence, vous devez repérer quelles pensées vous ont freiné.

Jouons à cache-cache. Mais dans cette version du jeu, nous devons trouver les histoires que vous vous racontez (consciemment ou inconsciemment) sans arrêt et qui vous empêchent de poursuivre vos objectifs. Si vous avez du mal, pour une raison ou pour une autre, à changer quelque chose dans votre vie, c'est que vous êtes entravé par un récit interne.

Comme ces mauvaises herbes qui empêchent votre jardin d'afficher toute sa splendeur, vos croyances limitantes doivent être déterrées et il faut vous pencher sur toutes les histoires néfastes qui vous empêchent peut-être de satisfaire vos désirs. Ensuite, nous allons hurler « CONNERIES ! » à toutes ces histoires, non pas parce qu'elles existent, mais parce qu'elles vous empêchent d'exprimer votre grandeur. Vous avez dit « Alléluia » ?

Une fois que vous avez découvert tout ce qui rôde derrière vos pensées conscientes et que vous prenez acte de la honte, de la culpabilité, du ressentiment, entre autres, non traités, vous vous ouvrez à un avenir inspirant. Les vieilles histoires néfastes à la réussite qui ont commencé à voir le jour pendant votre enfance génèrent une certaine résistance à l'obtention de ce que vous souhaitez.

Même si vous souhaitez consciemment quelque chose, sous la surface de ce désir figurent probablement des croyances et émotions qui sont en total conflit avec votre rêve. Afin d'avancer courageusement dans la vie, vous devez repérer quelles pensées constituent un frein. Il vous faut sortir votre plus belle pelle et commencer à creuser. Respirez à fond, car nous allons creuser profond.

La vérité, c'est que les seuls obstacles entre vous et la vie dont vous rêvez sont vos pensées. Jusqu'au stade actuel de votre existence, vous avez été « créé automatiquement » et ce programme automatique n'était très probablement pas configuré pour générer la meilleure version de vous-même. Cette création s'est faite sans que vous en ayez conscience, résultat d'un conditionnement, d'un modelage et des sentiments que vous avez reliés aux expériences vécues. Vos pensées ne vous appartiennent pas. Elles vous viennent certes à l'esprit, mais c'est parce que votre cerveau traite toutes les données et sélectionne celles qu'il juge pertinentes. Vous êtes le penseur de ces pensées, mais ces pensées ne sont pas vous. Cependant, vos pensées déterminent ce que vous ressentez, et vos sentiments alimentent vos actes.

Les sentiments prennent le pas sur la logique. Vos souvenirs et croyances concernant certaines situations déclenchent de puissants sentiments qui conditionnent vos actes. Vous devez prendre vous-même le contrôle. C'est votre conscience des histoires négatives que vous avez créées à propos de vous-même, ainsi que la façon dont elles vous ont peut-être freiné, qui vous libèrent et vous permettent de prendre les commandes de votre existence.

Le recours à la loi de l'attraction ne suffit-il pas ?

Vous vous dites peut-être que si l'Univers est aussi puissant que je le dis, une pensée positive et un tableau de visualisation suffisent largement. Je vous répondrai « non ». Si c'était le cas, ce livre ne présenterait pas l'essentielle dimension psychologique. Inutile de passer votre journée à prononcer des affirmations, vous fixer des objectifs, découper consciencieusement des photos de plages sauvages et de voitures de sport, puis les coller sur votre tableau de visualisation, si les histoires que vous vous racontez sont en *conflit* avec vos désirs. C'est un moyen infaillible de finir par manifester un vrai vide.

Si vous souhaitez manifester la relation amoureuse de vos rêves, mais avez créé au plus profond de vous-même (au niveau de votre identité) une histoire puissante indiquant que vous ne méritez pas l'amour (disons par exemple parce que votre père ne vous a jamais témoigné le moindre amour étant enfant), vous pourrez alors passer tout le temps que vous voulez devant votre tableau de visualisation, vous aurez du mal à trouver l'élu de votre cœur. Cela est dû au fait qu'en votre for intérieur, vous n'êtes pas persuadé d'être digne de recevoir l'amour. Par conséquent, inconsciemment, vous céderez cette énergie à l'Univers. Les problèmes de père ne sont pas à prendre à la légère, messieurs dames.

Si vous essayez de monter une entreprise capable de générer des millions d'euros de chiffre d'affaires et disposez d'un tableau de visualisation orné de billets, mais tout en entretenant une histoire disant qu'être riche ferait de vous un connard, vous allez saboter votre projet au niveau de votre subconscient. Notre cerveau est conçu pour veiller à notre sécurité, et dans la mesure où l'amour et la sécurité sont les éléments fondamentaux animant l'être humain, tout ce qui risque de les mettre en péril nous pousse à nous saboter.

Il est donc impératif de comprendre que la loi de l'attraction puise les vibrations négatives associées à vos histoires, qui *bloquent* alors l'issue positive que vous essayez d'obtenir. Pour débloquer cette issue, vous devez donc mettre au jour ces histoires néfastes, modifier l'énergie et être persuadé que vous pouvez parvenir à vos fins. *Capisce ?*

Pour nous assurer que notre énergie est totalement axée sur la volonté de cocréation avec l'Univers, nous devons savoir ce que racontent ces histoires. Une fois considérées comme nuisibles, elles ne peuvent plus œuvrer dans notre subconscient avec autant de pouvoir.

La prise de conscience affaiblit l'emprise des histoires, ce qui vous permet alors d'entrer totalement en résonance énergétique avec vos objectifs, sans qu'aucune intention cachée ne rôde en profondeur.

Le moment est venu de sonder votre Âme

Pour vous débarrasser des mauvaises herbes, vous devez mettre en œuvre une procédure que j'appelle « fouille de l'Âme ». Elle vous permettra de révéler votre moi le plus puissant. La voici :

1. Comprendre la teneur de vos histoires.
2. Identifier leur origine.
3. Les déclarer nuisibles.
4. Modifier ces histoires nuisibles.
5. Vous forger une nouvelle identité personnelle adaptée aux nouvelles histoires que vous allez créer.

Pour explorer ces idées, je vais me servir de la notion d'argent et des croyances concernant l'argent – nos « histoires d'argent ». Il existe également les histoires de corps, les histoires de relations et les histoires de famille, mais nous allons nous concentrer aujourd'hui sur l'argent. Bien que l'on dise que l'argent ne fait pas le bonheur, il apporte néanmoins la liberté et peut mener au bonheur, à condition d'être utilisé à bon escient. Je parierais que lorsque vous regardez votre liste d'objectifs, il faut de l'argent pour remplir la plupart.

Ayant grandi dans un foyer croyant, mon père avait des croyances bien ancrées en matière d'argent. Il rabâchait sans cesse qu'il fallait donner aux associations caritatives et avait une opinion bien tranchée sur les « riches corrompus ». Aujourd'hui encore, il dit que les riches sont avides. Mais je n'avais pas pris conscience que je commençais à le croire.

Mon esprit en a déduit qu'être riche me rendrait avide. Dans la mesure où mon père (que j'adore) déteste les personnes riches et avides, l'histoire que j'ai créée dans ma tête disait que si je créais une certaine richesse, mon père me détesterait. Ne pas être riche était donc une option plus sûre qui me permettrait de continuer d'être aimée. Comme je l'ai expliqué plus haut, en tant qu'humain, l'amour est l'élément qui nous anime le plus. Nous souhaitons tous être aimés et vivre en sécurité. Et si quelque chose met en péril cet état de fait, nous y mettons fin. Dans mon cas, cela signifiait être pauvre.

L'HISTOIRE DE JESSICA

Jessica voyait son père travailler vingt-quatre heures sur vingt-quatre et sept jours sur sept. Et bien qu'étant brillant et riche, il était malheureux. L'histoire de Jessica disait que la richesse était synonyme de stress. Elle faisait donc en sorte de rester sur la paille, car la richesse n'était manifestement pas source de bonheur.

L'HISTOIRE D'EMMA

Emma a vu sa mère travailler d'arrache-pied au sein de l'entreprise qu'elle possédait. Des nounous s'occupaient donc d'Emma et de ses frères et sœurs. Quand Emma est devenue mère, elle a été en proie à des difficultés financières. Nous avons découvert qu'elle avait profondément ancrée en elle la croyance que si elle réussissait, elle négligerait ses enfants. Elle restait donc fauchée afin d'être une bonne mère.

L'HISTOIRE D'AARON

Aaron n'arrêtait pas de voir son revenu augmenter, et il est apparu que, le succès aidant, il se sentait obligé de donner de l'argent à ses amis et à sa famille parce qu'il éprouvait de la culpabilité. En approfondissant son histoire d'argent particulière, il s'est aperçu que son père avait fait exactement la même chose, car il était issu d'un milieu modeste et possédait des valeurs familiales fortes l'incitant à soutenir financièrement ses proches. Aaron s'est approprié ces valeurs et a commencé à agir de la même manière, même si ce n'était pas une décision délibérée.

Comme le montrent les exemples précédents, nos histoires d'argent sont puissantes et irrationnelles.

Vous constaterez également que ces histoires d'argent proviennent majoritairement de nos parents bien-aimés et des êtres les plus proches de notre enfance. Elles sont créées et s'ancrent dans notre esprit lorsque nous sommes enfants. Nous avons tous dans notre tête une équation faussée qui nous empêche de devenir riches. Parfois, il est plus facile de nous dire qu'« être riches » ferait de nous des personnes mauvaises. Nous n'osons alors pas créer une entreprise qui pourrait pourtant profondément nous épanouir. Par conséquent, nos histoires négatives nous servent à rester « en sécurité », même si elles nous étouffent et nous empêchent d'exprimer tout notre potentiel.

Mais en réalité, l'argent est neutre. Il s'agit simplement d'un type d'énergie. Dans un certain sens, il n'existe pas. Le papier que vous tenez dans la main qui représente un billet de 5, 10 ou 50 euros est simplement une valeur, dont est dénué en soi le support en question. C'est la valeur que nous lui associons qui est importante. Lorsque vous vous connectez au site d'une banque, vous regardez simplement des nombres sur un écran. Et pourtant, ces nombres ont le pouvoir de provoquer la peur et l'anxiété, ou à l'inverse, la joie. Toutes ces réactions sont le fruit de ce que vous pensez et croyez à propos de l'argent. Il est donc important de prendre au sérieux votre histoire d'argent personnelle.

Démarrons les fouilles

Je vous demande d'exécuter la tâche suivante. Prenez un stylo et rendez-vous sur les pages vierges situées à la fin du présent ouvrage. Je souhaite que vous inscriviez votre revenu annuel idéal. Ensuite, je veux que vous regardiez cette page et ajoutiez un zéro au chiffre indiqué.

C'est fait ?

Regardez maintenant le second nombre. Si je vous disais maintenant que vous deviez gagner cette somme *cette* année, qu'est-ce qui vous viendrait à l'esprit ? Que pensez-vous et ressentez-vous en voyant ce nombre ?

Répondez sur cette même page en indiquant tout ce qui vous passe par la tête, peu importe que vos réponses soient stupides ou insignifiantes.

Vous avez désormais devant les yeux le lot de croyances que vous vous êtes forgées, et c'est un excellent point de départ pour déterrer vos histoires d'argent, qui établissent de fausses limites en matière de gain potentiel. Le moment est venu de déterminer l'origine de ces fichues croyances.

Tuez donc le messager !

Je me fiche de qui a inventé l'adage nous invitant à ne pas tuer le messager, mais laissez-moi vous dire une chose : le moment est venu de tuer le messager. Vous devez découvrir d'où proviennent vos croyances, puis tuer, métaphoriquement, bien sûr, la personne qui vous les a inculquées. Pourquoi ? Parce que cette histoire *ne vous appartient pas*. Elle appartient à quelqu'un d'autre qui vous l'a transmise gentiment et nuit à votre pouvoir de manifestation. Dès que vous admettez ne pas être venu au monde en compagnie de cette histoire, vous pouvez entamer le processus d'élimination.

Dans le cadre de la tâche demandée précédemment, vous avez peut-être écrit les choses suivantes :

- « Je ne suis pas assez intelligent pour gagner cet argent. »
- « Je n'ai aucune idée de la manière de procéder pour gagner cet argent. »
- « Je n'ai pas envie ou besoin de cet argent. »

Approfondissez la question : demandez-vous pourquoi vous ne pourriez pas gagner cette somme affublée d'un zéro supplémentaire. Vous pensez peut-être que votre famille risque de vous juger, que vos amis souhaiteront récolter une part du gâteau ou que l'impôt sur le revenu dont vous devrez vous acquitter atteindra un niveau effrayant. Il est essentiel d'éclaircir la question, car ce sont ces histoires qui conditionnent actuellement vos actes quand il s'agit de gagner du fric. Et c'est parce qu'elles croient à ces histoires que nombre de personnes demeurent fauchées, alors qu'elles ont le potentiel nécessaire pour devenir vraiment riches.

Qu'il s'agisse d'argent, de relations ou d'alimentation, vos tout premiers souvenirs sont autant d'indices pour mettre au jour l'origine de vos histoires négatives. Quand des clients me disent qu'ils ne sont pas suffisamment intelligents pour gagner plus d'argent ou pas assez beaux pour qu'on les aime, je leur demande toujours de repenser au moment, avant l'âge de 12 ans, où ils ont éprouvé pour la première fois ce sentiment. C'est généralement une excellente indication de l'origine de ces histoires irrationnelles.

Je souhaite que vous repensiez à l'époque où vous étiez petit. Qu'entendiez-vous dire à propos de l'argent ? Est-ce que vos parents vous disaient que les billets ne poussaient pas sur les arbres ? Ou entendiez-vous en permanence la phrase « Nous avons les moyens » ? En repérant le langage employé en votre présence à propos de l'argent, vous pourrez commencer à éclaircir les raisons pour lesquelles vous croyez certaines choses. Vous avez peut-être adhéré, comme moi, à l'histoire selon laquelle « les riches sont de mauvaises personnes ». (Nous détaillerons le pouvoir du langage au chapitre 8.)

Voici une liste de croyances négatives sur le fait d'être riche, dont certaines sont peut-être les vôtres :

- Être riche, c'est mal.
- Les riches n'ont pas d'amis.
- Être riche est stressant.
- Pour devenir riche, vous devez renoncer aux moments en famille.
- Être riche signifie payer plus d'impôts.

Vous voyez ce que je veux dire ?

Les erreurs que vous avez commises en matière d'argent

L'étape suivante essentielle consiste à reconnaître les erreurs que vous avez commises en matière d'argent. Vous avez peut-être été sérieusement endetté à une époque ou fait faillite. Vous êtes peut-être entré en conflit avec votre partenaire pour une question financière ou avez perdu de l'argent suite à un investissement malheureux. Vous ne savez peut-être pas mettre de l'argent de côté ou vous le jetez par les fenêtres.

Une énergie négative est associée à ces expériences, lesquelles vous empêchent de connaître le succès financier que vous méritez. Tant que vous personnaliserez le manque d'argent, vous n'en gagnerez pas. Vous pourrez commencer réellement à aller de l'avant lorsque vous admettrez avoir commis des erreurs financières et tenir un dialogue intérieur impitoyable sur le sujet.

Inscrivez tous vos points faibles en matière d'argent, ainsi que toutes les mauvaises expériences, graves ou accessoires.

Nous sommes restés axés sur l'argent dans ce chapitre, mais vous pouvez utiliser le même processus pour déterrer vos histoires en matière d'amour. La nature de la relation de vos parents est un excellent point de départ. Penchez-vous également sur vos toutes premières relations.

Débarrassez-vous de cette foutaise !

Vous débarrasser de vos blocages et histoires en matière d'argent ou autre peut s'avérer douloureux. Et pour être tout à fait franche, nombre de personnes vivent au jour le jour, s'acquittant de leurs factures et progressant laborieusement, sans vraiment exploiter tout leur potentiel. L'argent n'est que de l'énergie qui circule vers qui en veut. Mais pour vouloir cet argent, vous devez au préalable déterrer vos croyances limitantes décrites précédemment.

J'espère qu'à ce stade, vous avez découvert certaines de vos croyances limitantes en matière d'argent, repéré leur origine et que vous êtes prêt à tout faire pour corriger le tir. Une tâche très simple et efficace consiste à consigner par écrit ces croyances. Passez-les toutes en revue et notez en face de chacune d'elles l'exact contraire en vous englobant.

Par exemple, si vous pensez que les riches sont des personnes mauvaises, écrivez : « Je suis riche et je suis généreux avec tout le monde. » Si vous croyez que monter une entreprise serait stressant, écrivez le contraire : « Je monte une entreprise florissante en toute facilité. »

Idées essentielles à retenir

★ Sous chaque désir se trouve probablement une histoire nuisible qui entre en conflit avec ce désir et vous entrave inconsciemment.

★ C'est vous qui pensez ces histoires, mais elles ne vous appartiennent pas. Ce ne sont que des informations sortant de votre cerveau.

★ Nous avons créé des croyances internes sur l'argent, l'amour et notre corps qui viennent en grande partie de l'enfance.

★ Vous devez avoir conscience de ces croyances limitantes en fouillant votre Âme. Cela aura pour effet de diminuer leur emprise sur vous.

★ Tuez le messager et détachez-vous de ces histoires afin de pouvoir avancer vers la réalisation de vos rêves avec plaisir.

PASSEZ À L'ACTION !

Tap, tap, tap : la technique de libération émotionnelle

L'une des techniques les plus efficaces pour modifier vos sentiments et croyances en matière d'argent sur le plan énergétique est la technique de libération émotionnelle (EFT) recourant aux tapotements. L'EFT est définie et décrite comme une procédure clinique permettant de se débarrasser d'une détresse psychologique et physique. Il s'agit d'éliminer la charge émotionnelle des histoires négatives afin qu'elles ne vous affectent plus. Les tapotements associent les bienfaits du retraitement cognitif de la thérapie d'exposition et d'acceptation à la libération des perturbations énergétiques procurée par l'acupuncture et d'autres thérapies énergétiques.

Les émotions et croyances négatives existent à cause d'une perturbation du système énergétique de notre organisme. Et c'est ce système qui est utilisé en acupuncture. L'acupuncture pose comme postulat qu'il existe dans notre corps des chemins appelés méridiens énergétiques. Toutes nos émotions négatives, comme l'anxiété, la colère, la honte, la culpabilité, la peine, etc. sont dues à une perturbation d'un ou plusieurs méridiens énergétiques. Ces perturbations énergétiques sont reliées à des souvenirs d'événements douloureux. Lorsque nous pensons à ce souvenir, la perturbation énergétique associée est activée, ce qui déclenche des émotions négatives et parfois même douloureuses.

L'EFT active intentionnellement et puissamment une perturbation énergétique lorsque vous pensez à un souvenir négatif ou vous vous concentrez sur votre ressenti. Pendant l'activation, vous tapotez avec le bout de vos doigts les points d'acupuncture afin d'éliminer la perturbation énergétique sur les zones touchées.

Lorsque la perturbation est éliminée grâce aux tapotements, vous commencez à sentir disparaître vos émotions négatives. Une fois la perturbation complètement éradiquée, vous serez débarrassé de vos émotions négatives. Vous pourrez alors repenser à votre souvenir sans avoir de réaction émotionnelle néfaste ! Puis, vous intégrerez, toujours par tapotements, des affirmations et émotions positives. Cela revient à arracher des mauvaises herbes et à planter des tournesols.

Le lien *www.noorhibbert.com/book* (en anglais) vous permettra de suivre le tutoriel sur les tapotements afin de reprogrammer votre esprit en vue de connaître le succès.

Une fois que nous commençons à nous débarrasser des vieilles histoires et émotions négatives, nous pouvons nous créer une nouvelle identité personnelle plus forte, plus joyeuse et plus déterminée à réussir de belles choses. Nous approfondirons, dans le chapitre suivant, la création d'une nouvelle identité personnelle qui va vraiment vous aider à vous forger une existence la plus riche possible.

6

Il est temps de vous offrir un lifting spirituel

En mettant au jour toutes les couches, vous tomberez sur quelqu'un d'unique qui croit vraiment en lui, possède certains talents et affiche une énorme raison d'être sur cette planète.

Pendant toute mon enfance, j'ai rêvé de parader sur un plateau de tournage à Hollywood ou de danser dans un spectacle à Broadway. Le fait que je ne joue pas ou ne chante pas correctement était un détail technique accessoire, mais le plus inquiétant était la tendance pesante des adultes à me répéter que ce genre d'ambition n'était pas réaliste et qu'il me fallait absolument un plan B. Mon imagination et ma capacité à rêver s'en sont retrouvées réprimées et je suis peu à peu rentrée dans le moule pour devenir une fille persuadée que ce genre de choses n'étaient pas possibles.

J'ai respecté les règles et fait ce que je devais faire, mais j'ai ensuite été encore plus déboussolée, car je ne me sentais pas à ma place. J'étais une cheville ronde entourée d'un milliard de trous carrés. Vous connaissez ce sentiment ? Je pensais que quelque chose devait clocher en moi, parce que lorsque je regardais tous ceux qui m'entouraient, ils semblaient avoir des postes aux titres tape-à-l'œil et afficher tous les atours habituels d'une carrière brillante.

Mais que diable étais-je censée faire de ma vie ? Ou, pour approfondir la question, à quoi bon vivre ?

Quand nous naissons dans cet endroit magique qu'est le monde, nous sommes des bébés joyeux à fort potentiel destinés à jouer le rôle principal de notre existence. Nous sommes tous capables d'accomplir quelque chose de beau et d'avancer sur les bons rails pour y parvenir… jusqu'à ce que… la vie se déroule.

Viennent les parents, l'école, la société et, comme je l'ai expliqué, nous nous retrouvons perdus dans un abîme de conditionnement et finissons par nous sentir obligés d'être quelqu'un ou de faire quelque chose parce que nous avons appris à nous comporter ainsi. Maintenant que vous avez conscience des répercussions de la comparaison sur vous (voir le chapitre 4) et que vous vous engagez à vous centrer sur vous-même, je dois découvrir qui vous êtes vraiment. Je souhaite vous déshabiller afin de savoir ce qu'il y a sous tout cela, vos failles, etc.

- *Pas* la personne que vous deviez être en famille.
- *Pas* la personne que vous deviez être au travail.
- *Pas* la personne que vous deviez être afin de faire plaisir à votre partenaire.

Qui êtes-vous ?

Je souhaite que vous repériez le moment où l'on a fait de vous un être que vous ne souhaitiez peut-être pas devenir. Car si votre mode de vie dépend de ce que les autres attendent de vous, vous leur confiez littéralement tout votre pouvoir et devenez dépendant de la validation d'autrui.

En mettant au jour toutes les couches, vous tomberez sur quelqu'un d'unique qui croit vraiment en lui, qui possède certains talents et affiche une énorme raison d'être sur cette planète. Une fois dévoilés cette raison d'être et ce qui vous enthousiasme, c'est comme si vous sniffiez du crack. Vous vous retrouvez noyé dans le bonheur. C'est la meilleure méthode légale pour planer.

Cependant, pour découvrir qui vous êtes vraiment, la première mesure consiste à sonder votre Âme et à vos fixer des objectifs que vous tenez vraiment à atteindre. C'est le premier indice pour dévoiler l'être que vous êtes et ce qui est important à vos yeux. Vous pourrez ensuite réécrire ce conditionnement en choi sissant délibérément la personne que vous souhaitez devenir.

L'une des choses les plus marquantes que l'on m'ait dites était que j'étais en mesure de choisir la personne que je souhaitais devenir, que je pouvais renoncer au besoin d'être quelqu'un répondant aux attentes de mes parents, de mon école et de la société. Je pouvais dire adieu aux étiquettes de « déprimée », « anxieuse », « envieuse » ou « lamentable » que je me collais, puis choisir une nouvelle identité à même de me rendre plus forte.

Car en profondeur, votre vrai moi est extrêmement puissant. Je souhaite que vous compreniez que l'être que vous êtes en votre for intérieur est la version de vous-même la plus puissante, car elle ne se compare pas aux autres, n'a pas peur de l'échec et sait sans équivoque que vous êtes capable de vous forger la vie dont vous rêvez.

Imaginez un instant ce que serait notre monde si tout le monde était heureux d'être soi-même et s'aimait sans la moindre gêne, au point de ne pas être torturé par l'opinion des autres, la couleur de sa peau, l'éducation reçue ou un changement de sexe. Nous devrions tous pouvoir être la personne de notre souhait sans ressentir le besoin de nous excuser.

Je veux que vous choisissiez *la personne que vous souhaitez être* en l'assumant totalement.

La psychologie

Votre image de soi actuelle – votre perception de vos capacités, de votre apparence et de votre personnalité – a été créée par votre imagination sur la base d'interprétations et d'évaluations tirées de ce que vous avez vécu. Vous vous souvenez sans doute qu'au chapitre 1, je vous ai dit que lorsque j'avais 4 ans, une petite fille s'est approchée de moi et m'a interrogée sur mes sourcils broussailleux. Pouah ! Avant l'âge de 7 ans, nous prenons pour argent comptant ce que nous entendons. Dans ma petite tête, j'ai interprété cette expérience et en ai conclu que j'étais différente et laide. C'est devenu mon image de soi pendant deux longues décennies.

En outre, au contact de votre entourage proche et par le biais d'un processus appelé « mimétisme », vous apprenez également les choses auxquelles croire et comment vous comporter. Si votre mère asticote sans arrêt votre père, et que ce dernier tolère ce comportement, il est probable que vous adoptiez ce mode de fonctionnement avec vos futurs partenaires. Cela se produit au niveau du subconscient et explique pourquoi nous ressemblons à ce point à l'un de nos parents ou les deux. Nous sommes conditionnés pour nous comporter d'une certaine manière. Et tout cela repose sur le principe erroné selon lequel « Je dois être comme tout le monde ».

Comme vous pouvez le constater, ce sont tous les événements et expériences vécus dans votre vie qui ont formé des couches de brouillard tout autour de la version la plus forte de vous-même qui sied au cœur de votre être. La façon dont vous vous percevez est absolument cruciale à l'existence que vous manifestez. Votre image de soi dicte toutes vos pensées, lesquelles créent à leur tour vos sentiments, actes et comportements. Et cela influe également sur vos capacités.

Cependant, si votre image de soi ne vous aide pas à décrocher le succès souhaité, vous serez ravi d'apprendre que vous pouvez y remédier. Votre identité passée, qui vous a amené là où vous en êtes aujourd'hui, n'est et ne sera pas celle qui vous conduira à la prochaine phase de votre vie de rockstar.

Si vous vous êtes créé l'identité actuelle, vous serez à même de vous en forger une autre, meilleure encore, afin d'arriver là où vous voulez être dans un mois, un an ou une décennie. Nombre d'études ont montré que n'importe qui, jeune ou vieux, est capable de modifier la perception qu'il a de lui-même, mais également sa façon d'agir, et donc sa vie. BOUM !

Nous autres, êtres humains, estimons qu'il est très difficile de nous remodeler, car il nous a fallu des décennies pour devenir la personne que nous sommes aujourd'hui. Nous remodeler entièrement n'est donc pas une mince affaire. Lorsque vous êtes habitué à être et à agir d'une certaine manière, tout est tellement profondément ancré en vous que vous êtes persuadé que c'est immuable. Vous vous accrochez solidement à vos croyances, même si elles sabotent votre succès. Henry Ford disait : « Que vous pensiez être capable ou ne pas être capable, dans les deux cas, vous avez raison. » À quel camp appartenez-vous ? Si vous ne pensez pas pouvoir atteindre votre but, quel qu'il soit, vous n'avez absolument aucune chance d'y parvenir.

Soyons extrêmement clairs : changer son image de soi ne consiste pas simplement à répéter des « mots positifs » et à espérer transformer comme par magie une grenouille en prince. Vous ne pouvez pas simplement saupoudrer un tas de fumier d'une poudre magique et espérer qu'il sente bon ou ait meilleure allure. Modifier la perception que vous avez de vous-même demande un travail en profondeur et suppose que vous éliminiez au préalable tous les éléments néfastes. Il est également impossible d'avoir une pensée positive si votre image de soi est par essence négative.

Vos croyances à propos de vous-même façonnent tout ce qui vous arrive avant même que vous preniez la première mesure pour réaliser vos objectifs. Votre image de soi précède tout plan échafaudé. Si vous estimez être une personne allergique aux risques et que cette prudence fait votre fierté, devinez comment vous allez gérer chaque nouvelle situation rencontrée ?... Avec prudence. Voici la nature du conflit : comment plonger dans l'inconnu avec confiance, avec la possibilité de vivre une existence merveilleuse, si vous vous considérez comme quelqu'un de peu disposé à prendre des risques ? Eh bien, c'est impossible – cette image de soi vous freine et se traduit dans vos actes.

Pour atteindre tous les objectifs fixés au chapitre 3, vous devez être intimement persuadé d'en être capable. Il vous faut une bonne estime de soi, de la confiance et croire en vous-même. Vous devez être fier de qui vous êtes. Lorsque votre image de soi est propice à la réussite, vous pouvez foncer vers vos objectifs avec un tel enthousiasme que rien ne pourra vous arrêter. Lorsque vous commencez à défaire toutes les couches de conditionnement et vous en remettre à votre Âme pour obtenir des conseils, vos talents uniques réapparaissent et vous poussent à vivre pleinement votre passion et raison d'être. Je suis convaincue que nous avons tous des talents uniques et que si nous nous l'autorisons, nous pouvons les exploiter afin de nous offrir une existence des plus riches.

L'image de soi est difficile à changer, car elle est enfouie dans notre subconscient, lequel régit 80 % de ce que nous faisons. Il faut donc creuser profondément. Vous vous demandez peut-être : « Mais comment changer cela ? » En jetant un œil à votre liste d'objectifs, vous pensez peut-être : « Comment ai-je fait pour échouer par le passé ? » Eh bien, un moyen incroyablement efficace de diminuer l'emprise psychologique de votre passé est de juger tous vos objectifs axés sur l'avenir sur la base de votre nouvelle identité, celle que vous avez choisi d'endosser. Vous deviendrez la personne capable d'atteindre ces objectifs une fois débarrassé de la personne qui a « échoué » par le passé.

La méthode que j'ai choisie pour changer

J'avais fait le choix de changer la perception que j'avais de moi-même environ deux semaines avant d'apprendre la nouvelle qui marquerait le début d'un changement radical dans ma vie. J'étais à bord d'un avion à destination de Hawaï, très enthousiaste à l'idée de passer la semaine sur une île paradisiaque qui figurait, depuis dix ans, sur ma liste de choses à faire avant de mourir. J'allais enfin à Hawaï. J'avais emporté un peu de lecture légère, un ouvrage du très pertinent Wayne Dyer intitulé *Le Pouvoir de l'intention*. Je n'oublierai jamais ces mots qui bondissaient les uns après les autres pour venir s'ancrer entre mes deux oreilles : « Toute situation est émotionnellement neutre. Nous pouvons décider de notre ressenti face à n'importe quelle situation. »

Ces mots allaient me sauver d'une spirale négative lors des semaines suivantes.

Lorsque j'ai atterri sur la belle île d'Oahu, je ne me doutais absolument pas que les semaines suivantes allaient me débarrasser de toute la négativité qui habitait en moi et me permettre de renaître en la femme que je suis aujourd'hui.

Alors que je descendais au petit déjeuner, suivie de mes enfants et de mon mari, prête à commander en toute désinvolture mon jus d'orange pressée et mes œufs pochés, mon téléphone s'est mis à sonner. C'était ma sœur. Quelque chose en moi m'a alors fait penser que ce coup de fil était annonciateur d'une mauvaise nouvelle, et j'avais raison.

Je me cachais derrière le menu tout en retenant mes larmes, afin que mes filles ne me voient pas craquer. Ma sœur m'a appris que l'on avait diagnostiqué une leucémie à mon frère cadet, qui avait alors 8 ans. « Il est complètement gagné par les infections et le cancer », avait-elle dit.

J'avais la nausée. On ne pense jamais que sa famille peut être touchée.

J'ai regardé mes deux magnifiques filles, qui étaient plus jeunes que mon frère de quelques années seulement, et la peine qui m'a terrassée m'a pratiquement coupé le souffle. J'imaginais si cette nouvelle avait concerné mes enfants. Impossible de retenir mes larmes plus longtemps en pensant à ce que mon père devait ressentir face à l'effondrement de son univers.

Après plusieurs appels vers le Royaume-Uni, j'ai pris la décision de poursuivre notre programme, d'aller jusqu'à une cascade et d'effectuer une randonnée. Ce jour-là, j'ai nagé sous une jolie chute d'eau et choisi de faire quelque chose que la plupart des gens ne comprendraient pas. Je n'arrêtais pas de répéter « Je suis reconnaissante ». Il me fallait croire qu'à la fin de ce cataclysme m'attendait une grande leçon, quelque chose de merveilleux.

Profiter de la majesté de la nature était profondément réconfortant, même en ces instants de détresse totale. Je devais croire que cette nouvelle était un cadeau laidement enveloppé, et que ce cadeau se révélerait au bout d'un certain temps. J'ai choisi d'être la personne qui voyait le bon côté des choses, même pendant les heures les plus sombres. J'ai choisi de percevoir émotionnellement la situation d'une manière neutre et de lui adjoindre un sentiment positif.

Est-ce que la souffrance s'est arrêtée ? Non. Est-ce que mon frère s'est mis à aller mieux au bout d'une semaine ou le besoin de subir une chimiothérapie atroce a-t-il disparu ? Non. Est-ce que cela m'a redonné espoir ? Foutrement pas.

Vous voyez, vous pouvez choisir d'être une victime, une reine des commérages ou la personne qui se plaint parce qu'elle est habituée à faire ça. Mais lorsque vous décidez de privilégier l'amour et la gratitude, vous ouvrez les portes sur votre potentiel extraordinaire et la capacité à manifester ce que vous souhaitez. Je voulais plus que tout que mon frère aille mieux et, des mois plus tard, contre toute attente, il s'est retrouvé en rémission complète. Ces six mois pouvaient être pleins de négativité, de colère et de peur ou remplis d'amour. J'ai opté pour l'amour.

Ce que vous devez comprendre, c'est que le mode de fonctionnement par défaut de l'Âme est l'amour (pour en savoir plus sur l'Âme, rendez-vous au prochain chapitre). Plus nous sommes gentils, joyeux, prenons soin des autres et leur rendons service, plus l'Ego est mis en sourdine. L'amour, la bienveillance et la joie sont un peu la kryptonite de l'Ego. Il ne leur survit pas. Ces émotions positives réunissent les conditions nécessaires à votre Âme pour communiquer avec vous et vous aider à exploiter ses excellents conseils. Lorsque vous râlez, grognez, rouspétez et vous plaignez, l'Ego sait que c'est son truc et hop, il sort de sa boîte et recommence à faire le spectacle avec plaisir.

Il est également impératif que vous appreniez à discerner les possibilités qui s'offrent à vous, même si l'existence vous paraît sombre ou monotone.

Vous avez le choix : être la personne qui voit toutes les situations comme une occasion ou celle qui les perçoit comme l'occasion de culpabiliser. Si vous vous laissez aller à culpabiliser, peu importe votre réussite dans la vie. Donc…

- Vous avez très bien vendu ? Vous trouverez toujours un moyen de vous reprocher de ne pas avoir fait un meilleur chiffre d'affaires.

- Votre vie de couple est fantastique ? Vous trouverez toujours un moyen de vous concentrer sur les 10 % manquants pour qu'elle soit idéale.

- Vous vous sentez dans une forme étincelante après un an d'entraînement physique ? Vous chercherez toujours les endroits où votre corps est flasque.

Il est important que vous cessiez de penser au produit de la peur, du doute ou de la négativité, pour privilégier tout ce qui est positif et vous rend plus fort. Il y aura toujours dans la vie une dualité inévitable. Là où il y a la lumière, il y a également l'obscurité. Là où il y a l'humidité, il y a la sécheresse. Là où il y a le bien, il y a le mal. Là où il y a une bouteille de champagne, il y a un verre vide. Bien entendu, dans chaque situation citée ci-dessus, comme dans l'existence, vous pouvez toujours choisir d'accepter la réalité, la dualité, et d'aller de l'avant pour voir les possibilités qui s'offrent à vous.

Il est vraiment temps de vous offrir ce lifting spirituel

Le moment est venu pour vous de choisir qui vous souhaitez être. Commençons par éliminer vos cicatrices émotionnelles, corriger votre attitude et réparer vos processus de pensée. Il est temps de vous débarrasser de vos croyances concernant vos lacunes et vos pertes et de votre ressentiment face à l'échec, afin de vous pardonner. Je vous autorise à prendre une nouvelle identité, celle de quelqu'un qui « pense être capable de le faire ».

Nous avons été créés pour une bonne raison, et quelles que soient vos croyances en matière de création, il n'est pas logique que nous ayons été créés pour échouer. Rien ne se crée intentionnellement dans le but d'échouer. Chacun de nous est *conçu* pour réussir, et lorsque cette croyance est ancrée dans notre identité, nos pensées sont alors en mesure de créer des actions couronnées de succès.

Nous n'avons pas été conçus pour échouer. Nous ne sommes pas arrivés sur cette planète pour obtenir moins que nos attentes. Notre « configuration d'usine » par défaut que nous affichons à la naissance est programmée pour réussir. Nous autres humains avons été placés sur cette planète pour bien nous développer, et tant que vous connaissez le résultat final souhaité et comment devenir la personne qu'il faut pour l'obtenir, le monde est alors votre énorme coffre au contenu précieux. Mais vous devez réinitialiser votre programme.

Votre nouvelle identité façonnera tout ce que vous ferez. Il existe de nombreux moyens de lancer la création de cette identité. Et aucune n'implique de réussir quelque chose. Ne vous souciez donc pas de vos récents résultats :

- Choisissez d'être impressionnant.
- Choisissez d'avoir confiance.
- Choisissez de connaître le succès.
- Choisissez d'être intelligent.
- Choisissez d'être discipliné.
- Choisissez d'être sexy.
- Choisissez d'être courageux.
- Choisissez d'être inspirant.
- Choisissez d'être classe.
- Choisissez d'être impertinent.
- Choisissez d'être un dur à cuire.

En réalité, peu importe qui vous décidiez de devenir – je veux simplement que vous passiez à l'action !

La visualisation est l'un des procédés les plus efficaces pour reprogrammer notre image de soi. Nous sommes la seule espèce de cette planète à être dotée du don de l'imagination. L'imagination nous permet de créer et de rêver. C'est une partie importante du mystère de la manifestation, car la seule différence entre les gens qui réussissent et ceux qui ne réussissent pas est le choix qu'ils opèrent concernant l'objet de leurs pensées. Car, comme je l'ai expliqué, nos pensées deviennent des choses.

Je vais vous donner un exemple du pouvoir de l'imagination. Je souhaite simplement pour l'heure que vous preniez une grande inspiration. Je veux ensuite que vous vous imaginiez aller vers un saladier rempli de fruits et que vous voyiez un beau gros citron bien juteux. Je veux que vous le preniez dans votre main, que vous sortiez un couteau et que vous le coupiez en deux. Je veux que vous vous imaginiez en train de le lécher et de le sucer. Que se passe-t-il ? Vous sentez vos lèvres se pincer ? Vous sentez l'acidité de ce citron imaginaire ? Oui ? Vous pouvez donc constater que votre esprit est incapable de faire la distinction entre réalité et imaginaire.

La neuroplasticité fait référence à la capacité du cerveau à former de nouvelles voies neuronales (interconnexions entre les parties de notre système nerveux). Comme lorsque nous travaillons nos muscles, plus nous « exerçons » certaines voies neuronales, plus elles se renforcent. Les voies solides deviennent nos « autoroutes » psychologiques préférées. Par conséquent, en sollicitant notre imagination par le biais de visualisations également liées à une émotion forte, nous sommes en mesure de créer de nouvelles façons de penser et d'être.

Lorsque nous visualisons régulièrement, nous sommes à même de créer de nouveaux « souvenirs » qui remplacent les « anciens » souvenirs appartenant à notre identité passée, qui nous desservaient. Bien que ces nouveaux « souvenirs » ne correspondent pas à la réalité dans le monde physique, votre cerveau ne fera pas la différence et commencera à vous aider à avancer vers le résultat souhaité. Plus vous serez précis, plus votre vision sera forte et plus vous permettrez à votre cerveau de proposer des moyens de transformer cette vision en réalité.

« Ce que vous imaginez, vous créez », a dit Bouddha.

Idées essentielles à retenir

★ Vos croyances à propos de la personne que vous êtes façonnent votre identité. Elles régissent chaque action menée dans votre vie.

★ Vous êtes né avec la faculté et le pouvoir de faire quelque chose d'exceptionnel, puis le conditionnement a fait de vous autre chose.

★ À vous d'identifier le moment où vous avez été façonné pour devenir une personne que vous ne souhaitez peut-être pas être. Il faut que les « paramètres d'usine » soient restaurés.

★ Pour vous brancher sur la fréquence idéale en vue de manifester, il est crucial de défaire toutes les couches et de tomber le masque.

★ Votre identité passée ne sera pas l'identité qui vous permettra de passer à la nouvelle phase de votre vie de rockstar. Le moment est venu de créer une image de soi propice au succès.

Passez à l'action !

Pratiquez l'art de la visualisation

Au chapitre 5, vous avez fait le tour de ce que vous estimiez être vos échecs. Vous avez enquêté sur l'identité des personnes qui avaient défini à votre place les critères de cet échec.

Je souhaiterais maintenant que vous creusiez un peu plus et consigniez par écrit les raisons pour lesquelles vous ne seriez pas capable d'atteindre vos objectifs. Quelles sont vos peurs ? Quels traits de personnalité seraient susceptibles de vous stopper dans votre élan ? Quelles croyances limitantes enfouies en votre for intérieur vous freinent ? Je tiens à ce que vous notiez tout ce qui vous passe par la tête, même si ces éléments vous paraissent accessoires ou idiots.

Ensuite, je veux que vous parcouriez votre liste et que vous répétiez le message suivant lorsque vous égrainez chaque peur, trait de caractère et croyance : « Je me pardonne, je m'aime. » Vous devez le prononcer à voix haute afin de pouvoir commencer à reprogrammer votre subconscient.

Vous pouvez désormais vous mettre à créer de « nouveaux » souvenirs et une image mentale forte de l'être que vous avez choisi de devenir. Réfléchissez sérieusement aux objectifs que vous vous fixez.

Qui devez-vous être pour atteindre ces objectifs ?

Personnellement, je savais qu'il me fallait être disciplinée et courageuse.

Soyez extrêmement clair à propos de la personne qui a atteint les objectifs que vous vous fixez :

- Comment s'affiche-t-elle ?
- Quels sont ses traits de personnalité ?
- Que fait-elle au quotidien ?
- Comment est-elle physiquement ?
- Qu'est-ce que les autres disent d'elle ?

Une fois créé le « film mental » de votre nouvelle identité, passez quinze minutes par jour à le visualiser.

Visualisez-vous en train de fêter la manifestation de vos intentions. Si vous voulez travailler sur votre vie amoureuse, imaginez-vous en train d'apprécier la relation de vos rêves. Si vous désirez perdre du poids, imaginez-vous travailler avec plaisir à la salle de sport. Si vous rêvez d'une entreprise florissante, imaginez-vous signer des contrats, fêter des étapes importantes et empocher de grosses sommes. Imaginez-vous dans la peau de la meilleure version de vous-même.

Il faut de l'entraînement pour parvenir à visualiser lorsque s'installe un dialogue intérieur négatif. Au début, cela vous paraîtra difficile et exigeant. Mais si vous y allez progressivement et le faites chaque jour, vous allez avancer. Et très vite, cela vous paraîtra facile. Si cela vous aide, écoutez de la musique qui vous inspire. N'oubliez pas, lorsque nous relions chaque émotion positive à une visualisation, nous créons de nouvelles voies neuronales.

Faites preuve de patience et les résultats vous étonneront. Oh, et si vous estimez qu'y consacrer quinze minutes par jour est embêtant, honte à vous ! Les excuses sont des voleuses de rêves – alors passez à l'action !

7

Priorité à vous

Nous connaissons actuellement une terrible pénurie d'amour de soi, et des millions de personnes se maltraitent.

Bon, maintenant que vous avez découvert vos histoires et choisi d'adopter une nouvelle image de soi, il est temps de renforcer cette dernière et de la couler dans le ciment, comme les étoiles sur le Walk of Fame de Hollywood.

Permettez-moi de vous poser une question : croyez-vous en vous-même ? Je vais même aller plus loin : vous aimez-vous ? Il ne s'agit nullement d'une question piège où, si vous répondez « oui », je vous pointe du doigt et vous dis en rigolant que vous avez le melon. Je suis on ne peut plus sérieuse.

Pourquoi cette question ? Eh bien, l'amour de soi est un terme que j'ai entendu pour la première fois alors que j'approchais la trentaine. J'étais assez douée en matière de haine de soi et j'avais remarqué cette tendance dans la population générale. « Je suis trop grosse », n'arrêtais-je pas de me répéter impitoyablement. J'en voulais secrètement aux filles qui faisaient du 38 autour de moi, souhaitant qu'elles se goinfrent de Big Mac et prennent du poids afin que je sois la plus mince ! À mes yeux, surveiller mon alimentation semblait bien plus difficile que me détester et suivre les cycles de régime draconien qui me faisaient parcourir un chemin long et obscur ne menant nulle part. Votre corps est censé être un temple, mais le mien tenait plus du kebab.

J'ai passé la seconde partie de mon adolescence et le début de la vingtaine à enchaîner les régimes source de yo-yo, à expérimenter des protocoles douteux de pilules censées faire maigrir que j'achetais en ligne et même à chercher sans vergogne à rendre les boules de coton agréables au goût, car j'avais lu que des mannequins en mangeaient pour se rassasier sans ingérer la moindre calorie. Vous en faites des âneries aux conséquences graves lorsque vous détestez le corps dans lequel vous vivez. Lorsque l'on s'aime, on ne se punit pas, on ne se réprimande pas, on ne se condamne pas et on n'envisage pas de se remplir de choses innommables. On ne punit pas régulièrement son corps en abusant de l'alcool, de stupéfiants et d'aliments hautement transformés de la restauration rapide quand on respecte le corps que l'on nous a donné.

Nous connaissons actuellement une terrible pénurie d'amour de soi, et des millions de personnes se maltraitent. L'amour de soi n'est pas une connerie estivale farfelue et gnangnan réservée aux filles ou aux garçons ayant perdu leur virilité – c'est important. Un manque d'amour de soi et de confiance en soi s'accompagne de pléthore de problèmes psychologiques, de l'absence de bons résultats à l'école et au travail à la toxicomanie, en passant par l'anxiété, la dépression et l'alcoolisme.

Une expérience personnelle

J'ai constaté de visu qu'un manque d'amour de soi peut détruire une vie à cause de la souffrance engendrée. Nous étions à l'hiver 2010 et je séjournais dans la maison familiale, devant supporter une nuit supplémentaire de brimades émotionnelles de la part d'un homme censé nous aimer. Ma mère était sortie et m'avait laissée à la maison en compagnie de mon beau-père, et je l'ai entendu dire au téléphone que nous étions atroces. Il était bourré. Mon sang n'a fait qu'un tour. Je suis descendue en bas à toute vitesse, j'ai vu la bouteille de vodka, je m'en suis emparée et j'ai ôté le bouchon avant de vider tout son contenu dans l'évier. Je tremblais, à cause d'un mélange de colère et d'adrénaline due à la peur d'être démasquée, mais cette bouteille était le fléau de notre vie.

Soudain, mon beau-père a déboulé en courant, le visage si rouge que je croyais qu'il allait exploser. « Qu'est-ce que tu fais ? » a-t-il braillé. Je me suis mise à lui hurler dessus : « C'est en train de TE TUER. » Je refoulais mes larmes tout en tremblant à cause de l'adrénaline coulant dans mes veines.

Je l'ai regardé. Il me toisait, prêt à frapper. « Frappe-moi », ai-je hurlé. « Allez. Je vais pouvoir appeler la police et tu partiras enfin d'ici. »

Il s'est arrêté net, m'a lancé des jurons, puis a tourné les talons. J'ai couru à l'étage, puis je me suis mise à pleurer. Comment cet homme incroyable que nous aimions tellement a-t-il pu se transformer en monstre ? L'homme qui avait épousé notre mère et que nous appelions très fièrement beau-père. Un homme qui nous prenait auparavant pour sa famille.

Mon beau-père était alcoolique. Je dis « était », car à l'heure où j'écris ces lignes, il est malheureusement décédé il y a quelques jours d'un cancer du foie parvenu au stade terminal. J'entends chaque jour que l'alcoolisme est une maladie qui échappe pratiquement au contrôle de la personne dépendante. Ouais, une maladie de l'esprit. Une maladie dont la souffrance se transforme en mode de vie et dont la seule issue pour la personne touchée consiste à anesthésier la douleur en buvant un litre de vodka par jour.

Mon beau-père avait perdu toute confiance en soi. Il ne s'aimait pas et était persuadé que le monde extérieur lui en voulait. Il avait perdu le contrôle de sa souffrance. Sachez que ce n'était pas un méchant. La souffrance liée à la détestation qu'il éprouvait pour lui-même s'était emparée de lui. La souffrance est toujours liée à la *perception* qu'a une personne d'une situation, et mon beau-père avait appris à devenir impuissant, refusant de croire qu'il était à la hauteur et noyant ce ressenti dans l'alcool. Lorsque je suis devenue coach, l'une de mes motivations était d'aider les gens à comprendre que la signification donnée à une situation peut nous aider à la surmonter. Même dans les périodes les plus sombres de notre existence, nous pouvons choisir de modifier notre mode de pensée. Quelle que soit la difficulté, il existe toujours une occasion de la voir d'un œil différent.

La vérité sur l'amour de soi

L'ironie de la chose, c'est qu'en grandissant, on nous apprend que « s'aimer » est négatif, et nous associons cela à avoir la grosse tête, être narcissique ou égotiste. Mais lorsque nous nous aimons totalement, nous ne traitons pas notre corps et notre esprit comme des ennemis. S'il avait été possible d'enregistrer les choses que je me disais lorsque j'étais déprimée, la plupart des gens seraient consternés par ce qu'ils entendraient. Et pourtant, nombre d'entre nous ont toute une collection d'expressions dévalorisantes envers la personne qu'ils sont condamnés à côtoyer jusqu'à la fin de leurs jours. Nous devrions donc plutôt être gentils avec nous-même.

L'amour de soi va bien au-delà de se faire couler un bon bain chaud ou de s'offrir un sac à main. C'est la capacité à être honnête avec soi-même à propos de ce qui ne nous rend pas heureux afin de pouvoir régler le problème. L'amour de soi, c'est accepter et assumer tous les pans de votre histoire – aussi sombres ces chapitres soient-ils. L'amour de soi, c'est accepter tout votre parcours et la personne que ce dernier a forgé, au lieu de vous condamner pour ne pas avoir rejoint la destination souhaitée. L'amour de soi, c'est faire preuve de la discipline nécessaire pour essayer d'obtenir ce que vous souhaitez vraiment – que ce soit de vous aimer plus afin de quitter le partenaire qui vous rend malheureux, d'arrêter enfin de consommer ce sucre qui vous a donné du diabète ou de poursuivre vos rêves afin d'être la version la plus heureuse de vous-même.

Un manque d'amour de soi est peut-être moins flagrant que l'alcoolisme, mais il rôde plus profondément dans votre subconscient. En votre for intérieur, vous croyez peut-être que vous ne méritez pas l'argent, l'amour ou le corps dont vous rêvez. Cette croyance se manifeste ensuite par des actions qui sabotent votre réussite et que vous décidez de mener inconsciemment.

Le degré d'amour que vous vous portez conditionnera les actions que vous décidez d'entreprendre. Si vous ne pensez pas mériter d'être riche, vous serez moins susceptible de prendre les risques nécessaires pour bâtir un pactole financier, d'avoir l'audace de monter cette entreprise ou de chercher à décrocher cette promotion. Si vous considérez ne pas mériter d'avoir des abdos en béton ou le fessier de J.Lo, il est moins probable que vous preniez le temps de travailler physiquement, car « c'est une perte de temps et d'argent et cela ne m'aidera aucunement ». Si vous n'êtes pas persuadé de mériter un « avenir radieux », vous risquez de refuser de vous aimer ou de vous transformer en psychopathe finissant inconsciemment par déclencher des disputes afin de faire exploser la relation aux moindres remous.

Je me sens coupable de tout ça. Et vous ?

L'amour de soi n'est pas quelque chose que l'on possède ou ne possède pas à la naissance. Il ne dépend pas de votre succès, et ce n'est pas un trait de personnalité. S'aimer est un mode de vie, un rituel quotidien – une pratique. La vérité, c'est qu'aujourd'hui, nombre de personnes me considèrent comme une femme heureuse, pétillante, brillante et confiante, car elles ne voient pas les blessures de guerre. J'ai spirituellement éliminé au laser les cicatrices de mon passé, qui ne sont plus détectables à l'œil nu. Elles demeurent cependant présentes. Mais au lieu de laisser la souffrance me définir, je lui ai permis de m'apprendre des choses. Au lieu de m'accrocher au passé, ce qui m'incitait à me punir, j'ai appris à me pardonner, afin de pouvoir réellement avancer. J'ai pris la décision de m'aimer et non simplement de m'apprécier, car s'aimer est bien plus puissant. Vous aussi, vous pouvez choisir de croire en vous et de vous aimer sans vergogne.

Comment opérer cette bascule essentielle et passer des affres de la condamnation à une relation bienveillante avec la personne qui partage tout votre temps ? Eh bien, l'étape 1 consiste à vous pardonner pour le passé – tirer un trait sur tout ce qui a pu vous pousser à croire aujourd'hui que vous êtes indigne. L'étape 2 consiste à épouser la vie et non la peur (qui se présente sous diverses formes), car vous vous aimez suffisamment pour découvrir cette meilleure version de vous-même. Et l'étape 3 consiste à respecter suffisamment votre parcours pour être reconnaissant de tous les hauts et les bas et les boucles infernales qui vous ont amené là où vous en êtes.

« La vie vous aime comme vous vous aimez », écrit Kamal Ravikant dans *Love Yourself Like Your Life Depends on It*. « Je ne crois pas qu'elle n'ait non plus le choix. Je ne peux expliquer comment elle fonctionne, mais je sais qu'elle est dans le vrai. »

Parlons du mot qui commence par F

J'aime les mots en anglais qui commence par f, et pas seulement « fuck ». J'en trouve deux autres que je juge pertinents dans ce périple magique de la découverte de soi. Le premier est la foi (nous l'avons déjà traité au chapitre 2) et le second est *forgiveness* (le pardon).

Vous pardonner, ainsi qu'aux autres malgré ce qu'ils ont pu faire, est l'une des démarches les plus ardues dans le cheminement vers l'amour de soi. Voyez-vous, lorsque vous adhérez à ces « âneries » d'amour de soi, cela montre que vous êtes disposé à privilégier votre propre énergie. Vous accrocher au ressentiment envers les autres parce qu'ils n'étaient pas assez bien à vos yeux nuit terriblement à votre pouvoir énergétique, ce qui influe ensuite sur votre capacité à vous façonner une vie bien plus riche.

L'HISTOIRE DE SARAH

Prenez Sarah. Quand elle avait 5 ans, sa mère a confié son éducation à son propre père, bien plus âgé et à la retraite. De 5 à 13 ans, elle n'a vu sa mère qu'une fois par an. Elle a fréquenté une école dans un joli quartier où tout le monde semblait avoir beaucoup d'argent et, de la bouche de Sarah, être issu de familles « idéales » ayant une vie « normale ».

Comparée à ses amis, Sarah se sentait mal aimée et elle a commencé à forger la croyance selon laquelle elle n'était pas digne d'être aimée, ce qui expliquait le départ de sa mère. Cette pensée horrible est restée logée dans son subconscient jusqu'à ce qu'elle ait 35 ans.

Lorsque nous avons commencé à travailler ensemble, elle m'a dit qu'elle craignait de connaître le succès dans son activité. En creusant un peu, il est devenu évident qu'elle ne croyait pas vraiment mériter de réussir, car elle estimait ne pas être à la hauteur. Regardons les choses en face : si vous ne vous sentez pas aimé par la personne qui vous a mis au monde, comment voulez-vous apprendre à vous aimer ou à croire en vous ?

Sa peur du succès était simplement un moyen de ne pas grandir. Il lui fallait pardonner à ses parents, faire disparaître tout ressentiment et accepter le fait que ses croyances étaient totalement fausses. À l'intérieur d'elle se trouvait une petite fille qui avait besoin d'être aimée et de guérir. Il lui fallait prendre le temps d'admettre que sa valeur en tant qu'adulte n'avait rien à voir avec la façon dont on l'avait traitée étant enfant.

Je me demande si vous voyez des points communs entre votre histoire et celle de Sarah. Personnellement, c'est le cas. Quand j'avais 11 ans, ma vie a changé lorsque deux filles du même âge que moi, dont j'étais très proche, m'ont confié avoir été agressées sexuellement. Elles m'ont fait jurer de garder le secret. Loyale du haut de mes 11 ans, je suis restée muette comme une tombe. Malgré mon âge, je me souviens avoir parfaitement compris la gravité d'une agression sexuelle. Je savais en mon for intérieur qu'il s'était passé quelque chose d'extrêmement grave et je me suis mise à avoir une violente crise de larmes lorsque je l'ai appris. Mais j'ai promis de garder ce secret et me suis donc retrouvée à endosser une responsabilité qu'aucun enfant de 11 ans ne devrait supporter.

En grandissant, ce secret est devenu de plus en plus lourd à porter. Je faisais des cauchemars terribles, mais je ne pouvais dire à personne pourquoi. Je me sentais vraiment coupable d'avoir abandonné ces deux filles. Ce n'était bien entendu pas le cas. J'avais 11 ans, mais s'est ancrée profondément en moi une croyance qui a ensuite contribué à l'apparition des premiers signes de la dépression alors que j'avais 12 ans. J'ai vécu avec ce secret pendant près d'une décennie avant de me confier à quelqu'un. Peu de temps après, l'agresseur est décédé et a donc échappé à toute poursuite. Pendant les années qui ont suivi, la colère et la culpabilité ont couvé en moi et, inconsciemment, je ne pensais pas mériter de connaître la réussite.

Mes parents ont divorcé lorsque j'avais 12 ans. Contrairement à la plupart des enfants, ce changement a été le bienvenu. J'avais vécu dans un territoire en guerre pendant la majeure partie de mon enfance et m'étais retrouvée coincée entre deux parents qui ne savaient absolument pas comment se rendre mutuellement heureux. À cette époque, j'étais également harcelée à l'école par une fille bien décidée à faire de ma vie un enfer. J'étais dans une école pour filles et… les filles peuvent se montrer particulièrement méchantes. Cette fille faisait son possible pour m'exclure et, comme j'étais quelqu'un qui souffrais d'un besoin chronique d'être aimée et acceptée, ça me faisait un mal de chien. Je n'oublierai jamais le jour où l'une des filles organisait une fête et a invité toutes les filles de mon âge sauf moi. Cela me paraît très futile aujourd'hui, mais à l'époque, j'ai eu le sentiment de prendre un uppercut dans la mâchoire. Je ne sais toujours pas ce qui la repoussait chez moi. Je n'avais jamais vraiment trouvé ma place dans les différents groupes, et je me souviens m'être toujours sentie très mal à l'aise, alors que je faisais mon possible pour entrer dans le moule.

À l'âge de 16 ans, je suis tombée amoureuse pour la deuxième fois. Il avait cinq ans de plus que moi et conduisait une voiture, ce qui le rendait super cool. Au départ, je me sentais superbe à ses côtés. Le prestige de sortir avec un garçon plus âgé renforçait mon image à l'école et m'a fait passer du statut de loseuse absolue à celui de fille plutôt cool. Il me faisait rire et j'étais amoureuse de lui.

Mais très vite, ça s'est gâté. Je me suis mise à boire beaucoup le week-end, surtout que je pouvais entrer dans les pubs et les clubs, puisque j'étais en compagnie de mon petit ami plus âgé. Il me surveillait de près, était émotionnellement manipulateur et d'une jalousie maladive. Et il martyrisait mon cœur. Un jour, nous étions dans un pub et je discutais avec l'un de ses amis. Il s'est approché de moi, m'a insultée, puis m'a versé une pinte de bière sur la tête : « Personne ne t'aimera, maintenant », a-t-il dit d'un air méprisant. Je me souviens de l'immense humiliation ressentie et avoir pensé qu'il avait raison. Eh oui, comme la plupart des filles qui ne s'apprécient pas, j'endurais ça parce que je l'aimais.

Le pire a été le jour où j'ai attendu à l'hôpital pendant qu'on lui faisait un lavage d'estomac suite à une tentative de suicide par overdose. Dieu merci, il s'en est sorti, mais il m'a ensuite dit qu'il avait tenté de mettre fin à ses jours à cause de moi. Avec ses menaces de suicide et les humiliations mesquines qu'il m'infligeait, il m'a intégrée à sa guerre émotionnelle interne. C'est là que j'ai commencé à faire des crises d'anxiété et à avoir plein de mauvaises pensées. J'avais l'impression d'être reliée à lui par un cordon émotionnel invisible qui se tendait de plus en plus. Et je ne savais pas comment me libérer. Ce garçon que j'aimais profondément, je le détestais également de toutes mes forces.

Je n'arrêtais pas de me demander pourquoi, alors que j'avais seulement 16 ans, tout était si difficile. Si la vie devait s'avérer si ardue, je n'étais pas certaine de vouloir la poursuivre. J'avais 16 ans et j'étais sous Prozac®. Je me revois très distinctement dans le cabinet de ma généraliste en train de lui expliquer avoir le sentiment d'être incapable de continuer à vivre. Certains jours, je me sentais bien et heureuse (généralement sous l'effet de l'alcool en soirée), mais la plupart du temps, je n'avais pas le moral. J'ai cessé de prendre les antidépresseurs au bout d'un mois et mis fin à cette relation toxique quelques mois plus tard après qu'il s'est montré un soir violent physiquement.

J'avais cruellement besoin que quelqu'un me remarque, m'aime et m'aide à me sentir mieux. L'anxiété était profondément ancrée en moi. J'ai pris conscience par la suite qu'elle émanait de la peur que l'on me fasse du mal. Je craignais énormément de ne pas être à la hauteur et je ne supportais pas la peine associée au rejet. L'anxiété était parfois si insupportable que je parvenais à peine à respirer, et mon cœur battait tellement fort que j'étais convaincue qu'il allait exploser dans ma poitrine et me couper en deux.

L'anxiété était à son paroxysme lorsque je vivais une relation amoureuse, ce qui était paradoxal, car j'avais une envie d'amour tellement folle que j'enchaînais les histoires. C'était un cercle vicieux, et j'étais persuadée que mon bonheur dépendait d'une autre personne. J'étais en permanence dans l'attente du prince charmant capable de me rendre heureuse. Et pourtant, à chaque fois que j'entamais une nouvelle relation, l'anxiété refaisait son apparition. S'il m'arrivait de vivre des moments merveilleux, j'étais toujours en proie à la peur sous-jacente que cette personne me fasse du mal ou me quitte. Naturellement, cette peur me faisait carrément agir comme une folle, et chacune de ces relations prenait irrémédiablement fin, me laissant vide et épuisée.

À l'âge de 20 ans, alors que je venais une nouvelle fois de me faire larguer, j'ai découvert le meilleur antidote à la souffrance – la cocaïne. Je trouvais génial de pouvoir l'anesthésier ainsi. Dès que je sniffais une ligne de cette poudre blanche, je devenais quelqu'un d'autre. J'étais forte, pleine de pouvoir, insouciante et drôle. J'incarnais la vie et l'âme, et ma confiance se renforçait. J'étais populaire, amusante et extravagante. J'étais capable de regarder mon ex dans les yeux et de lui dire mentalement « Va te faire foutre », même si, au fond de moi, je mourais d'envie qu'il revienne.

Très vite, j'ai également commencé à prendre de l'ecstasy. Je m'amusais et sortais le plus souvent possible. Ça me donnait un prétexte pour planer complètement. Mais aux hauts succédaient invariablement des bas redoutables. La descente était atroce. Mon anxiété s'aggravait, mes jours sans étaient de plus en plus déprimants et je me suis mise à souffrir d'insomnies et de spasmes musculaires au niveau des jambes. Comme le sait quiconque ayant déjà eu des insomnies, rester éveillé toute la nuit, en tête à tête avec ses pensées, tient de la torture.

J'aimais faire la fête, mais c'est uniquement avec le recul que j'ai réalisé que cet amusement était en fait un moyen de me distraire de moi-même. Et, très franchement, je n'aimais pas du tout la personne que j'étais. Je détestais mon corps, je détestais mon statut de célibataire et je détestais cette anxiété qui menait à leur perte toutes mes relations amoureuses. Vous voyez donc que je comprends très bien à quel point il est facile de ne plus s'aimer. J'avais le sentiment que mon existence était un vrai gâchis.

Je sais que je ne suis pas la seule à avoir vécu cela. La plupart d'entre nous entretiennent une relation tellement tendue avec eux-mêmes qu'ils recherchent l'amour et le bonheur à l'extérieur. Notre joie est conditionnée par la validation et l'acceptation d'autrui. Dépendre des autres pour être heureux, comme je l'ai fait, est extrêmement déresponsabilisant, vous plonge dans le besoin et vous fait devenir possessif et jaloux.

J'ai fini par comprendre que si je ne m'aimais pas, je ne connaîtrais jamais vraiment le bonheur d'être aimée par les autres. Énormément de personnes croient avoir besoin d'être amoureuses pour rayonner, alors qu'en fait, c'est lorsque nous apprenons *d'abord* à nous aimer que nous nous épanouissons réellement.

C'est quand j'ai entamé une toute nouvelle relation avec moi-même que ma vie de couple s'est améliorée et que je me suis impliquée dans une relation plus profonde et respectueuse basée sur l'appréciation mutuelle et non la dépendance.

Vous pardonner

Tout ce que j'ai vécu m'a marqué l'esprit, et toutes vos expériences feront la même chose. Il est donc vraiment crucial de vous pardonner à vous-même. Correctement étudiées, votre souffrance et vos erreurs peuvent devenir votre boussole spirituelle. Et ce sont en fait ces périodes de grande détresse qui vous offrent l'occasion de trouver votre or intérieur et vous donnent les leçons qui vous aideront à devenir la meilleure version de vous-même.

Je souhaite que vous dressiez par écrit une liste des erreurs que vous avez commises dans votre vie. Les choses que vous regrettez. Celles que vous auriez aimé faire différemment.

Consignez maintenant ce que vous a appris chacune de ces erreurs.

Passez-les ensuite en revue, barrez-les une à une en répétant : « Je me pardonne. Je m'aime. »

Pardonner aux autres

Les personnes qui nous causent de la peine ou nous mettent en colère sont celles qui nous apprennent le plus. Elles nous signalent les limites de notre capacité à pardonner. Accuser les autres, ou pire, s'en vouloir pour des événements du passé ne peut pas vous faire avancer. Il est donc d'une importance fondamentale d'avoir conscience qu'en dehors de vous pardonner à vous-même, il faut également pardonner à ceux vous ayant fait du tort selon vous.

Pardonner n'est pas légitimer leurs actes. Cela ne signifie pas que vous niez le fait qu'ils aient eu tort. En pardonnant à l'autre, vous dites d'une manière forte : « Je choisis de ne plus m'accrocher à la mauvaise énergie produite en moi par ce ressentiment ou ce reproche. » Vous choisissez de vous aimer plus que votre colère ou souffrance.

Je veux que vous dressiez la liste de personnes vous ayant blessé et envers qui vous projetez encore une énergie négative.

Écrivez-leur à chacune une lettre de pardon. Vous n'êtes pas obligé de la leur envoyer si vous ne le souhaitez pas – l'essentiel est de sortir ce sentiment négatif de votre cerveau pour le coucher sur le papier. Cette reconnaissance délibérée du pardon sera très efficace.

N'oubliez pas, le véritable bonheur intervient lorsque vous êtes reconnaissant d'avoir vécu une expérience, positive ou négative. Et le pardon est un ingrédient important de cette gratitude. Pour aller de l'avant, vous devez abandonner toute la souffrance liée au passé.

Ne faites pas semblant

Choisir de s'aimer demande du courage, car il faut accepter votre vérité et votre histoire et comprendre que vous avez le pouvoir de la changer. Donner l'image que votre vie est parfaite tout en ressentant le contraire en votre for intérieur risque de vous vider émotionnellement et mentalement.

À ce stade de la lecture, vous avez sans doute compris que l'un de mes rêves était de monter sur scène. Alors, quand j'ai eu l'occasion d'être figurante sur un film, je n'ai pas laissé passer ma chance. Non, je n'avais pas décroché le rôle-titre, mais j'allais enfin savoir ce que cela faisait de jouer dans un film. J'ai pris l'avion à destination de l'Espagne pour une scène sur un bateau dans *Les Boloss*. Si vous regardez ce film, allez jusqu'à la scène de la fête sur le bateau et vous verrez alors des adolescents au visage radieux en train de danser, en pleine débauche estivale.

Sur le plateau, la réalité était tout autre. Tout d'abord, nous étions gelés, car il soufflait un vent froid. Le bateau était rempli de figurants au bronzage factice qui se disputaient de grandes couvertures marron afin de se réchauffer et avalaient des cachets contre le mal de mer afin de ne pas vomir sur les autres. Cinq minutes de film sur le montage final demandent parfois des heures de tournage. En bref, l'expérience était aux antipodes du mode de vie glamour que je m'étais imaginé étant enfant.

C'est cette semaine-là que j'ai finalement abandonné mon rêve de devenir actrice. À vrai dire, nombre de personnes font croire que leur vie est un film à succès hollywoodien alors qu'en fait, elles ont froid, sont malades et se réfugient sous une couverture, la mine sombre : la femme qui refuse de révéler à ses amies que son mari la trompe, par peur d'être jugée ; l'homme qui fait croire qu'il a une vie de couple heureuse pour dissimuler son homosexualité ; l'avocat qui rentre chez lui chaque soir et siffle des verres car sa carrière brillante est en train de le vider de toute énergie.

Il est épuisant d'essayer de rester à flot et d'être parfait. Sauver les apparences par peur que l'on démasque votre *véritable* visage est le meilleur moyen de connaître la misère. L'amour de soi, c'est avoir l'honnêteté et le courage de regarder votre existence dans les yeux sans ciller et de vous demander : « Est-ce que je veux vraiment cela ? Est-ce que je suis la personne que je souhaite vraiment être ? »

Sachez dire non

Vous aimer, c'est également vous faire passer avant les autres et gérer votre énergie afin d'avoir un maximum de bonnes vibrations et d'être totalement concentré sur votre pouvoir de manifestation.

Imaginez-vous dans la peau d'un générateur d'énergie. Vous devez être rempli de vibrations positives, et à chaque fois que vous choisissez de faire quelque chose qui ne vous dynamise pas, cela revient à débrancher un cordon de votre générateur, déclenchant alors une fuite d'énergie. Vous êtes en droit de vous montrer égoïste et de vous accorder la priorité. Lorsque vous admettrez que votre énergie est cruciale à votre succès, vous empêcherez toute fuite avec force.

L'HISTOIRE D'ELLA

Je vous présente Ella. Elle ne pouvait s'empêcher de faire plaisir et ne supportait pas de faire faux bond aux autres. Résultat, elle disait toujours oui à tout le monde, acceptait toutes les situations et n'avait donc jamais de temps pour elle. C'était non seulement épuisant physiquement, mais également mentalement et énergétiquement, car à chaque fois qu'elle acceptait quelque chose qui ne l'enthousiasmait pas, elle éprouvait un certain ressentiment. Quand vous n'avez pas le cœur à faire quelque chose, mais dites oui, c'est parce que votre Ego vous dit que vous n'êtes pas quelqu'un de bien. Par conséquent, au lieu d'être en phase avec votre désir, vous jouez la comédie.

Arrêtez de demander aux autres leur avis

Un moyen de vous faire confiance et de vous aimer consiste à renoncer à votre besoin d'obtenir la validation des autres. Nous faisons tous cela : dans le vestiaire, vous vous trouvez magnifique en vous regardant dans le miroir, mais vous vous tournez quand même vers votre amie afin de connaître son opinion. Combien de fois avez-vous demandé à quelqu'un si elle préférait un certain type de coiffure, si elle aimait votre tenue ou ce qu'elle pensait d'une décision importante que vous deviez prendre ?

Lorsque vous vous estimez, vous n'attendez pas que l'on vous dise si vous avez fière allure ou si vous faites le bon choix. Vous vous aimez suffisamment pour prendre cette décision pour vous-même et l'assumer courageusement. Il y aura certes des moments où vous aurez besoin d'avoir une seconde opinion, mais faites en sorte que cela reste rare. Cultivez l'art d'apporter vous-même cette validation.

Faites de chaque jour une occasion de vous célébrer !

J'ai expliqué précédemment que l'amour de soi est une discipline et que vous fêter en fait partie. Dans ce monde au rythme trépidant, nous ne prenons pas le temps de réfléchir au chemin parcouru. À quand remonte la dernière fois où vous vous êtes posé pour vous fêter et vous récompenser ? Si vous avez du mal avec ce principe, sachez que vous n'êtes pas seul.

Avant, je pensais que l'on ne pouvait se fêter que le jour de son anniversaire. Et même ce jour-là, pour moi, c'étaient plutôt les autres qui me fêtaient. Je ne me posais jamais pour me dire : « Hé, Noor, tu as fait du bon boulot ! » Si vous êtes constamment en train de faire et non d'être, vous passerez à côté de tous les bons moments de la vie. Il nous arrive parfois de prendre la vie trop au sérieux et d'être tellement obnubilés par le résultat final que nous en oublions d'apprécier le chemin à parcourir.

L'HISTOIRE DE JASMIN

Jasmin est entrepreneuse et mère. Ses journées étaient particulièrement chargées. Chaque matin, elle dressait une liste très fournie des choses à faire et, à la fin de la

→

journée, son esprit était en fait centré sur les tâches qu'elle n'avait pas réussi à exécuter et non sur celles effectuées. Au lieu de se fêter pour le travail accompli, elle s'était laissé piéger à s'en vouloir de ne pas avoir mené à bien certaines missions.

C'est un gros doigt d'honneur fait à l'Univers et le meilleur moyen de se brancher sur Radio Cafard. N'attendez pas d'avoir atteint vos objectifs pour vous applaudir. Quand vous prenez le temps chaque jour d'identifier les progrès modestes effectués vers l'accomplissement de vos objectifs, vous renforcez ces actions entreprises. L'Univers *adore* la fête, et à chaque fois que vous vous félicitez à la fin d'une journée pour vous être rapproché de vos objectifs, vous vibrez à la bonne fréquence.

Lorsque vous fêtez vos succès, la motivation d'en faire plus se renforce, ce qui a ensuite pour effet de faire grimper en flèche votre confiance en soi. Vous dites alors à l'Univers que vous êtes inarrêtable et attirez ainsi plus d'énergie positive. Êtes-vous prêt à assumer d'être fantastique ?

Vous méritez que vos réalisations, même modestes, soient reconnues. Si vous ne vous fêtez pas, qui va le faire ?

Idées essentielles à retenir

★ L'amour de soi va au-delà de vous faire couler un bain. C'est l'appréciation profonde de votre personne et de toute votre histoire.

★ Tant que vous ne vous aimerez pas, vous ne permettrez jamais à vos désirs les plus profonds de se réaliser.

★ Le pardon envers vous-même et les autres est crucial.

★ Vous pouvez tout à fait dire non et vous montrer égoïste.

★ Fêtez-vous chaque jour.

PASSEZ À L'ACTION !

Dansez comme si personne ne vous voyait !

Consacrez une minute chaque jour à fêter votre vie – faites en sorte que ce soit tous les jours votre anniversaire. Vous afficherez alors un niveau vibratoire élevé. Prenez votre liste d'objectifs et notez une chose que vous vous offrirez à chaque objectif atteint – un cadeau, une coupe de champagne ou un voyage. Le choix de la récompense vous incombe.

La vie n'est pas une course. Quand vous apprenez à prendre plaisir dans le cheminement, atteindre la destination finale n'en est que plus précieux.

8

Votre monde est votre baguette magique

Vos dialogues intérieur et extérieur ensorcellent votre existence : ils peuvent s'avérer magiques, mais également relever de la magie noire.

En voyage, quand j'étais plus jeune, je jouais à « Je n'ai jamais… » avec des amies, après avoir acheté une bouteille d'alcool moins de 5 euros qui avait un goût de méthanol. Les règles du jeu sont très simples. Chaque joueur a devant lui un verre rempli et doit prononcer une phrase qui commence par « Je n'ai jamais », suivie d'un comportement inapproprié qu'il a déjà adopté. Ensuite, si un ou plusieurs joueurs ont déjà eu le comportement indiqué, ils doivent boire une gorgée. Vous aviez donc au bout du compte un groupe de filles bourrées qui riaient bêtement et dévoilaient leurs secrets les plus intimes.

Eh bien, je me suis aperçue que nous autres, adultes, jouons à un nouveau jeu, intitulé « Je ne pourrais jamais… ». Dans cette version, nous révélons nos croyances les plus limitantes. Ce jeu nous incite à jouer petit bras, sans exploiter notre véritable potentiel. Par exemple :

- « Je ne pourrais jamais me passer de sucre » nuit à votre santé.
- « Je ne pourrais jamais quitter mon emploi » nuit à votre bonheur.
- « Je ne pourrais jamais quitter mon partenaire » vous maintient dans une relation toxique.
- « Je ne pourrais jamais démarrer cette activité » ne vous permet pas de réaliser vos rêves.

Voilà le principe.

Quand j'ai pris conscience que je jouais à « Je ne pourrais jamais… » dans ma vie, j'ai décidé que le moment était venu de changer cela. Dans quel domaine jouez-vous à ce jeu ? Comme nous l'avons exploré précédemment, les croyances que vous avez construites créent des histoires qui vous freinent. Modifier des schémas de pensée ancrés après une décennie de conditionnement n'est pas une mince affaire, mais il est fondamental de vous servir du pouvoir de vos *mots* pour y parvenir, et c'est le thème du présent chapitre.

Je souhaite que vous compreniez bien que les mots sont puissants. Vos dialogues intérieur et extérieur ensorcellent votre existence : ils peuvent s'avérer magiques, mais également relever de la magie noire.

Après avoir pris conscience que je jouais à « Je ne pourrais jamais… », je suis devenue fascinée par le pouvoir des mots et l'influence d'un état d'esprit positif sur notre vie. Des études ont montré que lorsque nous prononçons (mentalement ou à voix haute) suffisamment de fois quelque chose, nous commençons à y croire. Ce qui sort de votre bouche conditionne votre ressenti… ce qui influe sur vos actes… puis a un effet sur les résultats obtenus.

L'art de l'espoir

J'avais passé des années à me convaincre que ma vie était maudite, et, en toute honnêteté, j'excellais tellement dans l'art de faire dans le spectaculaire et de m'inscrire sans vergogne en victime, que je doutais d'être capable de changer. Richard Bach a dit : « Défendez vos limites et ce sera le meilleur moyen de les cultiver. »

Quand j'ai approché la trentaine et commencé à fréquenter le monde du développement personnel, et que l'on m'a dit qu'il était possible de cultiver le côté positif de l'existence, j'étais sceptique. Il ne fait aucun doute que si on pouvait choisir d'être positif, tout le monde le ferait.

Eh bien non.

Vous êtes peut-être comme moi, avec une tendance à vous focaliser sur les aspects négatifs de la vie, à penser d'abord au pire lorsque vous vous apprêtez à démarrer un nouveau projet professionnel ou à vivre une nouvelle relation. Avant, je me disais que la Saint-Sylvestre était une soirée maudite et que la situation allait mal tourner : j'avais eu le malheur de me faire larguer à trois reprises à la Saint-Sylvestre et pouvais donc prouver que ce que vous êtes persuadé de vivre va inéluctablement se produire. Je m'étais préparée à surveiller l'apparition de malheurs. Et l'Univers m'avait donc satisfaite. N'oubliez pas, vos pensées se matérialisent, et je manifestais comme personne, mais pour les mauvaises raisons et en adoptant toutes les manières erronées imaginables.

Comme moi, vous êtes peut-être très vite parti du principe que vous n'alliez jamais vous forger le corps dont vous rêviez malgré votre nouveau régime ou programme d'activité physique. Peut-être que l'idée que cela ne fonctionne pas vous a même carrément empêché de vous lancer dans une nouvelle relation. Et peut-être que vos échecs passés ont constitué la preuve que vous aviez raison d'être dans cet état d'esprit, ce qui explique que vous soyez un joueur de « Je ne pourrais jamais… » assidu. Comme je l'ai dit précédemment, notre esprit est conçu, non pas pour veiller à notre bonheur, mais pour assurer notre sécurité. Cela signifie que vous êtes naturellement plus enclin à repérer les risques susceptibles de vous freiner que les récompenses qui vous feront avancer.

Mais soyons réalistes : dans notre monde moderne, nous ne risquons pas trop de nous faire dépecer par des tigres en allant faire nos courses au supermarché ou d'être attaqués par des ours en nous rendant à notre cours de yoga. Évaluer en permanence les risques encourus ressemble à une perte de temps et d'énergie.

Mais ne vous méprenez pas, cela peut s'avérer utile dans certaines situations. Par exemple, j'aurais aimé peser le pour et le contre avant d'attraper le micro à mon mariage pour injurier tous ceux qui n'osaient pas aller sur la piste de danse – cela s'est avéré un excellent moyen de m'aliéner toute ma nouvelle famille une heure seulement après que l'on m'a passé la corde au cou. Mais ce n'est pas le genre d'état d'esprit à avoir par défaut. Pourquoi ? Parce que les pensées négatives débouchent sur un discours négatif, et que le discours négatif entraîne presque toujours l'adoption de comportements négatifs.

Cependant, le psychologue américain Martin Seligman a osé suggérer que quiconque est capable d'adopter de nouveaux comportements à condition d'employer de nouvelles stratégies cognitives. Ainsi, si vous prenez l'habitude de penser et agir différemment, vous pourrez corriger un état d'esprit pessimiste. Seligman montre que la façon dont vous expliquez les situations et difficultés rencontrées (à la fois actuelles et futures) détermine si vous êtes une personne ayant tendance à voir le verre à moitié plein ou à moitié vide. Cela signifie que si vous changez votre manière d'expliquer les choses qui vous arrivent, votre posture *de facto* peut passer de pessimiste à optimiste.

Le Robert définit l'optimisme comme une « tournure d'esprit qui dispose à prendre les choses du bon côté, en négligeant leurs aspects fâcheux ». Et il définit le pessimisme comme une « disposition d'esprit qui porte à prendre les choses du mauvais côté, à être persuadé qu'elles tourneront mal ».

Seligman suggère d'étudier le dialogue intérieur qui se déroule dans votre tête afin de déterminer votre attitude générale envers la vie. Par conséquent, si vous apprenez à modifier invariablement votre dialogue intérieur – ou, comme le désigne Seligman, votre style explicatif –, vous vous habituerez à demeurer optimiste en permanence.

Je ne pensais pas être pessimiste jusqu'à ce que j'observe au microscope mes conversations internes et externes. Et, si j'avais tendance à être pétillante, ma façon de m'exprimer a très vite révélé que j'étais bien plus pessimiste que je l'aurais imaginé. J'avais du pain sur la planche. D'un point de vue spirituel, lorsque nous modifions notre dialogue, nous changeons de fréquence vibratoire – et, à ce stade de la lecture, vous devriez connaître les effets de cette démarche. Votre perception d'un événement détermine votre réaction face à lui. Et votre réaction conditionne le résultat.

Et votre perception d'un événement passé détermine indéniablement votre réaction à de futurs événements et façonne donc votre vision de la vie. Si vous avez vécu plusieurs déceptions amoureuses, vous serez plus susceptible de les expliquer en portant dessus un regard négatif et de partir inconsciemment du principe que toutes vos futures relations se solderont par un échec. C'est une façon de penser irrationnelle et nuisible, car vous avez le pouvoir de modifier radicalement toutes vos futures relations et de manifester une relation durable, heureuse et épanouissante, à condition d'avoir des croyances et pensées positives.

POP

En matière d'attitude, vous devez prendre en compte trois dimensions :

- la permanence ;
- l'omniprésence ;
- la personnalisation.

Étudions chacune de ces dimensions.

La permanence

La première dimension concerne le caractère permanent des situations à vos yeux. L'une de mes préférées était : « Les régimes ne marchent jamais. » Comme vous le pouvez le constater, elle est particulièrement pessimiste, à cause de l'utilisation de l'adverbe « jamais ». Croire que des événements négatifs dureront et penser à des choses négatives en employant « toujours » et « jamais » est le signe que votre style explicatif est négatif.

Un optimiste percevrait le degré de permanence d'une manière bien moins absolue. Il y verrait un contretemps temporaire et pourrait donc dire : « Les régimes ne marchent jamais si je vais souvent au restaurant. » Comme vous pouvez le constater, l'optimiste réagit à la situation en tenant compte de son pouvoir personnel et restreint la dimension temporelle aux moments où il sort déjeuner ou dîner. Il est essentiel de comprendre que le contraire fonctionne également. Les pessimistes partent du principe que les bonnes choses ne sont que temporaires. Un pessimiste dira par exemple « C'est mon jour de chance », ce qui laisse entendre que les autres jours ne le sont pas.

Je ne souhaitais pas être pessimiste, et comme le pessimisme est le facteur le plus important de la dépression, j'étais ravie de m'en débarrasser. Les pessimistes réagissent aux contretemps en partant du principe qu'ils ne contrôlent pas l'événement et affichent ce que l'on appelle l'« impuissance acquise ». Ainsi, ils réagissent à tous les événements en s'en remettant au paradigme leur faisant penser « Je renonce » ou « Quoi que je fasse, c'est un échec ».

Cette impuissance acquise devient leur mode de pensée automatique, qui peut avoir des effets dévastateurs si on la laisse agir. Les pessimistes estiment que les événements fâcheux sont inévitables, s'inscrivent dans la durée, minent toutes les actions et sont dus à leur faiblesse sous-jacente, qui est immuable. Si vous vous dites en permanence qu'un problème est insoluble (attitude pessimiste), il est probable que vous ne parveniez pas à le régler. Il est crucial de comprendre que même les plus optimistes peuvent ressentir une impuissance momentanée en cas d'événement fâcheux, mais c'est la faculté de rebondir qui distingue la personne qui voit le verre à moitié plein de celle qui le considère à moitié vide.

L'omniprésence

La deuxième dimension à prendre en compte à l'heure d'évaluer votre degré de pessimisme permet de savoir si vous jugez ou non le contretemps comme étant lié à cette situation particulière. C'est la notion d'omniprésence. Certaines personnes sont capables de ranger dans une boîte hermétique leurs ennuis et de mener leur existence.

L'HISTOIRE D'ANNIE ET MATTHEW

Quand Annie a des soucis dans sa vie de couple, elle les met de côté lorsqu'elle est au bureau et est capable de faire du bon travail. En revanche, pour Matthew, tout est synonyme de catastrophe. Quand un accroc se produit dans sa vie, ce sont tous les pans qui se déchirent. Il laisse tout tomber, même si le revers ne concerne qu'un domaine de sa vie. L'impuissance acquise est le corrélat le plus fort de la dépression, car elle fait naître en vous une vulnérabilité de tous les instants. Vous vous retrouvez à avoir peur d'être attaqué et vous vous privez des occasions d'être heureux.

La personnalisation

Le dernier aspect du style explicatif vous permettant de déterminer votre degré de pessimisme consiste à définir si un problème est interne ou externe. Lorsqu'un événement fâcheux se produit, nous pouvons nous en vouloir ou rejeter la faute sur des influences extérieures. On appelle cela la personnalisation.

L'HISTOIRE DE KEVIN

Kevin se reprochait en permanence d'avoir du mal à rendre son activité florissante. Il intériorisait le problème et se reprochait d'être stupide au lieu de rechercher une solution. Il en a résulté une baisse de son estime de soi. Kevin se parlait comme s'il s'adressait à son pire ennemi.

Mais il est également important de noter qu'il n'est pas non plus souhaitable de reprocher aux autres ce qui nous arrive et que, d'un point de vue spirituel, nous devons assumer pleinement notre parcours. Je vais donc émettre une mise en garde, à ce stade : assumer la responsabilité d'une situation et se faire des reproches sont deux choses très différentes. Au final, votre désir est de changer. Il est donc impératif que vous preniez la responsabilité de ce changement, *mais sans prendre les choses pour vous,* comme Kevin.

La responsabilité est votre capacité à réagir à une difficulté en vous plaçant du point de vue de votre pouvoir et développement personnels. Le secret, pour ne pas intérioriser négativement les choses, est d'accepter que l'échec fasse partie du processus d'apprentissage. Assumer sa responsabilité permet de creuser et de trouver une solution en soi, au lieu de tout vous mettre sur le dos.

Comme vous pouvez le constater, apprendre à vous débarrasser de votre costume de pessimiste afin d'endosser la panoplie de l'optimiste s'accompagne d'une certaine magie et d'un mérite certain. Vous pourrez ainsi dire adieu au désespoir accompagnant la perception de tous les contretemps et revers comme quelque chose de permanent et des difficultés de la vie comme des catastrophes. En fin de compte, afficher fièrement votre profil positif et apprendre à vous montrer optimiste est un super-pouvoir à l'heure de vous façonner une vie de rêve.

Soyons clairs : je crois fermement au pouvoir de la pensée positive et des affirmations, mais cela ne vous autorise pas à ignorer allègrement les dangers d'un projet. Ne dépensez pas toutes vos économies dans un investissement risqué et ne privilégiez pas les raisons propices à l'optimisme ou à la création d'une entreprise dans un secteur que vous ne connaissez absolument pas parce que vous avez conçu tout un ensemble d'affirmations. Le pouvoir de l'optimisme acquis est de porter un regard différent sur les choses qui vous arrivent, ce qui conduit à en parler différemment, débouche sur des actes différents et, au final, sur une issue différente. Vous maîtrisez alors l'art de l'espoir.

Vous avez le pouvoir…

Les mots que vous entendez

Outre le changement d'expression, il est impératif que vous preniez bonne note des propos que vous entendez, car ils ont un impact direct sur le caractère positif ou négatif de votre attitude. J'ai commencé à remarquer une chose des plus effrayantes, à savoir le pessimisme et la négativité qui m'entouraient au quotidien. À chaque fois que je mettais la radio, j'apprenais qu'un attentat avait été commis. À chaque fois que j'allais sur Facebook, je lisais des publications qui pestaient contre l'état désastreux de notre politique. À chaque fois que j'allumais la télé, il y avait une nouvelle émission montrant des cœurs brisés et des personnes ayant trompé leur partenaire. Où que je regarde, il y avait une preuve de plus que le monde était merdique. J'ai remarqué qu'un nombre important de personnes de mon entourage jouaient aux commères, répétaient à l'envi que leur travail était assommant, et nombreux étaient ceux à se plaindre de ne pas être heureux dans leur existence. On voit alors facilement pourquoi les cas de dépression sont nombreux.

J'en suis venue à penser que le monde serait bien différent si les radios parlaient des réussites et des célébrations au lieu de s'étendre à longueur de journée sur la misère. On dirait que les humains ne peuvent s'empêcher d'observer la souffrance des autres. N'est-il pas un peu malsain d'aimer regarder des films d'horreur ? Et cette question est posée par une personne qui adorait auparavant les films d'horreur. En moyenne, un enfant de 14 ans a déjà vu à la télévision cinq personnes se faire tuer. À chaque fois que nous regardons ces émissions, notre organisme libère une faible dose de cortisol (l'hormone de stress) dans notre sang, ce qui signifie que nous sommes en permanence dans un état de léger stress. Cela a des effets néfastes sur notre santé et notre corps et influe également sur notre énergie et nos vibrations.

Dans ma quête de changement de vie, l'une des premières choses que j'ai faites a été d'arrêter d'écouter les informations, de regarder toutes les émissions de télévision qui m'attristaient ou me mettaient en colère et, sur Facebook, de me déconnecter des personnes affichant des statuts négatifs. J'ai également choisi d'éviter les situations sociales favorables aux commérages ou à la médisance et qui ne privilégient pas les conversations riches de sens.

Cette décision délibérée d'être extrêmement vigilante à ce que je laissais pénétrer dans mon cerveau m'a vraiment permis de reprendre le contrôle. Certaines personnes ont estimé que me couper du monde « réel » était une forme d'égoïsme. Mais ce n'est pas parce que je me déconnecte du flux constant de négativité que les événements qui se produisent ne me touchent pas. C'est même le contraire : si nous sommes dans un état d'esprit négatif qui nous empêche d'exploiter tout notre potentiel, nous ne serons assurément pas capables de contribuer à la résolution des problèmes que rencontre le monde.

Personnellement, ce nettoyage de ma conscience et la décision de bannir la négativité de mon existence se sont avérés libérateurs, me rendant plus heureuse, faisant grimper en flèche mes revenus et m'octroyant plus de temps libre pour réaliser plus de choses épanouissantes. En outre, je ne souhaitais pas exposer mes enfants à l'horreur du monde tant qu'ils étaient petits. Je tenais à ce qu'ils savourent la magie de l'enfance le plus longtemps possible.

Idées essentielles à retenir

- ★ Vos dialogues intérieur et extérieur sont d'excellents indicateurs de la façon dont vous vivez votre existence.
- ★ Vous devez étudier le dialogue se déroulant dans votre tête afin de déterminer votre attitude générale envers l'existence – le psychologue américain Seligman parle de « style explicatif ».
- ★ Il existe trois dimensions dont il faut tenir compte pour se situer en matière d'attitude : la permanence, l'omniprésence et la personnalisation.
- ★ Ayez conscience de ce que vous laissez entrer dans votre espace : les mots que vous entendez façonnent votre dialogue intérieur.
- ★ Être positif ne signifie pas être stupide ou risque-tout. Il s'agit de saisir les occasions de grandir et de voir chaque difficulté à travers le prisme des possibilités.

PASSEZ À L'ACTION !

Vérifiez votre bavardage interne

J'aimerais que vous ayez conscience de la façon dont vous vous parlez. Prenez une feuille de papier ou servez-vous des pages vierges situées à la fin de ce livre, car j'ai une petite tâche à vous confier.

Je souhaite que vous pensiez à un domaine de votre vie qui ne vous satisfait pas – par exemple, votre revenu, votre santé physique ou votre vie de couple. Gardez cet élément à l'esprit, puis dites à voix haute « Ce n'est pas assez satisfaisant ».

Indiquez ensuite par écrit « Cela signifie que je suis... », puis terminez la phrase. Que signifie pour vous le fait de ne pas gagner assez d'argent, que votre mariage batte de l'aile ou que vous ayez pris du poids ?

Par exemple :

- « Cela signifie que je suis nul. »
- « Cela signifie que je suis un perdant. »
- « Cela signifie que je déçois ma famille. »
- « Cela signifie que je suis stupide. »
- « Cela signifie que je ne mérite pas d'être aimé. »
- « Cela signifie que je suis paresseux. »
- « Cela signifie que je suis laid. »

Indiquez ce qui vous passe par la tête.

Il est impératif que vous notiez tout ce qui vous vient à l'esprit. Cette tâche est très utile, car elle va vous aider à commencer à repérer votre dialogue intérieur négatif et son caractère néfaste. *Sentez* réellement les mots que vous couchez sur le papier.

Passez ensuite en revue votre liste et imaginez un petit enfant s'apprêtant à jouer le rôle principal d'une pièce de théâtre, mais qui se retrouve piégé par son professeur, qui se met à critiquer tout son jeu. Après s'être fait traité de perdant ou de nul, pourquoi voudriez-vous que ce petit enfant soit heureux et enthousiaste à l'idée de monter sur scène ? Est-il en mesure de persévérer et de donner le meilleur de lui-même ? Non, bien entendu ! Voilà pourquoi le dialogue intérieur négatif est très nuisible et renforce la connexion négative avec les croyances merdiques entretenues à propos de soi-même.

Je souhaite maintenant que vous transformiez tout ce dialogue intérieur négatif en affirmations positives. Si vous n'arrêtez pas de vous dire que vous n'êtes pas assez intelligent pour monter une entreprise, transformez cela en « Je suis un chef d'entreprise exceptionnel qui dispose de toute l'intelligence nécessaire ». Prenez votre téléphone et enregistrez chaque information. Je veux que vous répétiez sept fois ces affirmations positives. Ensuite, écoutez-les chaque matin et chaque soir.

9

Tous les karmas ne se valent pas

Le karma est enregistré et équilibré par l'Univers et n'oublie jamais. Les pensées, émotions, mots et actions bienveillants correspondent au crédit. Leurs pendants négatifs correspondent au débit.

Vous avez probablement déjà entendu dire que le karma était une garce. C'est parfois le cas, mais le karma n'est pas une punition et ne doit pas être considéré ainsi. C'est un puissant échange d'énergie qui nous permet de continuer d'apprendre. À chaque fois que nous pensons, parlons ou agissons, nous diffusons à l'extérieur de l'énergie qui nous est ensuite renvoyée. Le karma est à la fois une action et la conséquence de cette action. C'est simultanément la cause et l'effet, car chaque action génère une force énergétique qui nous revient. En bref, « Donnez et vous recevrez en retour ».

Croire au karma sans agir en conséquence n'a pas de réel effet. Cela revient à croire à l'alimentation saine sans changer votre régime inadapté. Vous devez bien comprendre ce qu'est le karma et appliquer à votre vie les notions assimilées afin de trouver bonheur et paix intérieure. Lorsque j'ai visité Los Angeles pour la première fois en 2015, j'ai franchement été surprise par le nombre de SDF présents à chaque coin de rue. J'ai également trouvé particulièrement déprimant l'attitude des gens à leur égard, qui rechignaient à leur donner de l'argent sous prétexte que « cet argent ne leur servira qu'à acheter de la drogue ». Je suis intimement persuadée que personne ne choisit de vivre ce genre d'existence et que plus de compassion s'impose.

Un soir, nous sommes passés devant un homme allongé sur le trottoir, et ma fille de 3 ans a demandé d'un air triste pourquoi il n'avait pas de lit. Lorsque je lui ai expliqué que tout le monde n'avait pas de maison, elle m'a demandé si elle pouvait lui donner sa pomme. J'ai dit « Bien sûr », et sa gentillesse m'a touchée. Elle l'a posée à côté de sa tête, avec un sourire sur les lèvres, et je me suis sentie reconnaissante que mon enfant éprouve de la compassion. Plus tard ce jour-là, elle a demandé si nous pouvions distribuer d'autres pommes à des SDF, et nous avons acquiescé avec joie en l'aidant dans sa distribution.

C'était un exercice amusant, avec toutes sortes de réactions. Le premier homme qu'elle a désigné du doigt avait une pancarte qui disait clairement : « Ne me donnez pas d'argent. Donnez-moi de la drogue. » J'ai pensé qu'une pomme ne ferait pas l'affaire, et n'ayant pas de crack dans mes poches, nous sommes passées au SDF suivant. Il a pris la pomme avec joie et nous a remerciées de notre gentillesse. Nous avons poursuivi notre marche et Layla à montré un SDF assis à un arrêt de bus. Je me suis approchée et j'ai dit : « Hé, vous voulez une pomme ? » Il m'a regardée d'un air dégoûté, puis a ouvert la bouche en montrant ses gencives : « Je n'ai pas de dents. Donnez-moi de l'argent. » Même si l'homme avait laissé ses bonnes manières quelque part avec ses dents, j'ai fouillé dans mon sac à main, puis lui ai tendu un billet de 5 dollars, avant de continuer mon chemin. Je l'ai béni en silence, espérant qu'il ferait bon usage de cet argent.

Je me suis désormais fixé comme règle d'apporter mon aide aux personnes dans le besoin que je croise. Je tiens à ce que mes filles apprennent la compassion, et je leur dis toujours que lorsqu'elles font une bonne action, elles en récoltent les fruits à leur tour.

Voici un autre exemple de karma à l'œuvre. J'étais à bord d'un train me ramenant de l'université. J'étais enceinte jusqu'aux yeux, très fatiguée et avec une sacrée envie de me coucher. Le contrôleur est passé, et je lui ai dit que l'on m'avait déposée à la gare alors que le train allait partir et que je devais donc acheter un billet à bord. Il a pris ma carte et n'arrêtait pas de dire que le paiement était refusé. Il y avait plus de 10 000 livres sur ce compte. Je savais donc que quelque chose clochait. C'était un contrôleur des plus intransigeants, car il m'a dit que j'allais devoir descendre à la prochaine gare, chercher un distributeur, puis prendre le train suivant.

« Vous êtes sérieux ? » me suis-je exclamée.

« Oui. Si vous ne pouvez pas payer, vous devez descendre. »

J'ai senti le découragement s'emparer de moi. J'étais épuisée et j'allais louper l'heure du coucher des enfants. J'avais envie de le traiter de tous les noms ou de recourir à la tactique de la crise de larmes, mais à cet instant, il s'est passé une chose merveilleuse. La femme assise derrière moi a sorti un billet de

5 livres, ma voisine a sorti son porte-monnaie plein de pièces, et l'homme assis de l'autre côté du couloir, sa carte de crédit. Ils ont tous dit qu'ils allaient m'aider en mettant la main à la poche. Leur gentillesse m'a submergée. Je les ai remerciés avec effusion, ainsi que mon karma pour m'avoir plus que comblée.

Vous voyez, le karma peut être votre meilleur ami si vous menez des actions basées sur l'amour. Que cela vous plaise ou non, tout ce qui nous arrive dans notre vie est le résultat d'un choix effectué par le passé. Faites une bonne action et vous obtiendrez quelque chose de bien en retour. Faites une mauvaise action et vous obtiendrez quelque chose de mal en retour. C'est aussi simple que cela, messieurs dames.

Le karma est enregistré et équilibré par l'Univers et n'oublie jamais. Les pensées, émotions, mots et actions bienveillants correspondent au crédit. Leurs pendants négatifs correspondent au débit. Le karma conserve toujours les reçus. Et l'Univers les ressort au moment où nous nous y attendons le moins. Quand nous ne connaissons pas le karma, nous appelons cela le destin ou la chance. Votre karma peut ne pas se montrer telle semaine ou année, mais il finit toujours par apparaître, parfois dix ans plus tard. Même le mauvais karma peut nous donner d'excellentes leçons. Notre mission est d'accepter que l'Intelligence universelle fasse précisément ce dont nous avons besoin à l'instant T. Nous devons tirer les enseignements du mauvais karma afin de régler cette dette universelle.

Souvent, l'éveil spirituel se produit après une période de grande souffrance. C'est d'ailleurs précisément ce qui m'est arrivé. Il faut parfois perdre son travail, tout son argent, un proche, être trahi par une personne que vous aimez ou souffrir d'une addiction redoutable pour repousser ces histoires d'Ego.

Dans mon cas, c'était la peur de ne pas être à la hauteur, qui a fait naître l'anxiété. Je peux vous dire sans détours que les difficultés mises sur votre route par le mauvais karma ne sont qu'une *occasion* de vous tourner vers l'intérieur de votre être.

Il vous incombe de faire des choix

À chaque moment de notre existence, nous faisons face à un nombre incalculable de choix qui donnent chacun un résultat spécifique. Cependant, bien que nous ayons le pouvoir de contrôler nos choix, nous sommes devenus des robots dotés de réflexes conditionnés déclenchés par des personnes ou événements et qui débouchent sur un comportement prévisible. Et cela se produit inconsciemment. Comme les chiens de Pavlov, nous réagissons à des stimuli, mais nos réponses étant très automatiques, nous oublions que nous faisons en fait des choix. (Le physiologiste russe Ivan Pavlov est célèbre pour avoir montré que lorsque vous nourrissez systématiquement un chien après avoir agité une cloche, le quadrupède se met à saliver lorsqu'il entend la cloche, même en l'absence de nourriture. Dans le même ordre d'idées, nous autres, les êtres humains, avons des réactions prévisibles et répétitives à certains stimuli de notre environnement.)

Le meilleur moyen de comprendre et d'optimiser l'utilisation de la loi karmique est de devenir conscient des choix que vous effectuez à tout moment. Si je vous traitais de nul indécrottable, vous choisiriez très probablement d'être offensé sans réaliser que cette réaction était un choix. Si je vous disais que vous êtes la meilleure chose qui existe depuis l'invention de la crème brûlée végan, vous prendriez très probablement cela pour un compliment et seriez reconnaissant. Dans un cas comme dans l'autre, cela demeure un choix, bien que la réponse soit automatique.

Dans le cadre du périple visant à sonder votre Âme proposé par ce livre, vous devez vous engager à *remarquer* vos choix. Cette lucidité va vous responsabiliser et vous donner soudain un sentiment de contrôle lorsque vous ferez remonter ce processus inconscient au niveau de la conscience.

Au moment d'opérer n'importe quel choix, posez-vous deux questions.

Tout d'abord, « Quelles sont les conséquences du choix que je vais faire ? »

Si vous prenez deux secondes pour vous poser la question, vous saurez immédiatement quelles sont ces conséquences. C'est un mécanisme très puissant à la disposition de l'Univers pour vous aider à faire spontanément les bons choix. Souvent connu sous le nom d'intuition, je le considère comme l'un des meilleurs super-pouvoirs de l'être humain. (Nous traiterons plus en détail ce sujet au chapitre 10.)

Ce super-pouvoir est lié aux sensations corporelles. Votre corps connaît deux sortes de sensation : le confort et l'inconfort, lequel est souvent viscéral. Eh oui, ce fameux instinct que nous connaissons tous, mais qui n'est pas suivi par certaines personnes trop sceptiques. Pour certains, le confort et l'inconfort se ressentent au niveau du plexus solaire, mais pour la plupart des gens, ils sont situés au niveau du cœur. Centrez délibérément votre attention sur votre cœur et demandez quoi faire. Puis attendez la réponse – une réponse physique sous forme de sensation. Ce peut être un sentiment très fugitif, mais il apparaîtra bel et bien.

La seconde question à vous poser est la suivante : « Est-ce que le choix que je vais faire me donnera du bonheur, ainsi qu'à mon entourage ? » Si la réponse est oui, effectuez ce choix. Cependant, si ce choix est source de détresse pour vous ou votre entourage, passez votre chemin. C'est aussi simple que ça. Parmi les innombrables choix disponibles à l'instant T, il n'y en a qu'un qui vous rendra, ainsi que votre entourage, heureux. Lorsque vous faites le bon choix, vous avez la bonne réaction à chaque situation qui se produit. C'est le comportement qui vous nourrit, ainsi que tous ceux influencés par cette action.

Activer le bon karma

Comment activer le bon karma ? Vous devez être positif et vous respecter, ce qui signifie assumer la responsabilité de vos actes et respecter les actions des autres. Proposez également de corriger vos erreurs, de demander pardon, de partager vos connaissances et de faire preuve de compassion. Enfin, concernant le résultat d'une action, l'intention associée est plus importante que l'acte proprement dit.

Deux personnes peuvent très bien exécuter la même tâche avec deux intentions différentes. L'une montera une entreprise dans le but d'aider ses clients à satisfaire un besoin, tandis que l'autre vendra simplement un produit par avidité afin de gagner de l'argent. Seule la première obtiendra des résultats positifs. Plus vous aurez conscience de vos choix, plus vous effectuerez spontanément des choix justes – aussi bien pour vous que pour votre entourage.

Vous avez le choix de créer ce que vous souhaitez en sachant que, dans l'Univers, tout fonctionne sur la base de l'échange. Toute relation s'inscrit selon le principe des concessions, car donner et recevoir sont deux aspects du flux de l'énergie dans l'Univers. L'argent est le symbole de l'énergie de vie que nous donnons et de celle que nous recevons dans le cadre d'un service fourni aux autres. La circulation la rend vivante et vitale, et si nous interrompons la circulation de l'énergie de vie, elle va stagner. Donc…

- Si vous voulez être apprécié, apprenez à apprécier les autres.
- Si vous voulez plus d'argent, aidez les autres à en gagner plus.
- Si vous voulez aimer, apprenez à donner de l'amour.
- Si vous voulez l'opulence, apprenez à la souhaiter silencieusement pour les autres.

Plus vous donnerez, plus vous allez recevoir, car l'Univers donne toujours en retour. Dans votre volonté de donner ce que vous recherchez, vous ferez en sorte que votre vie soit gagnée par l'opulence de l'Univers. Et ce qu'il y a de formidable, c'est qu'une simple pensée ou prière de générosité a le pouvoir de transformer. Votre état d'esprit passe alors de la rareté à l'opulence.

Dans le monde trépidant qui est le nôtre, nous sommes tellement centrés sur nous-même que prendre un moment pour faire un cadeau à tous ceux que nous croisons peut passer pour un effort insurmontable, mais c'est le meilleur moyen de saisir le mode de fonctionnement de l'Univers.

Vous vous dites peut-être : « Comment donner aux autres alors que je subis moi-même le manque ? » Avant de commencer à crier après moi, je *ne* vous suggère *pas* de payer des cafés à de parfaits inconnus. Les cadeaux ne sont pas forcément matériels. Un compliment ne coûte pas un centime mais peut illuminer la journée de quelqu'un. Repensez aux choses extraordinaires qui vous sont arrivées sans même les avoir demandées. C'est l'Univers qui œuvre en coulisses avec zèle.

Rembourser sa dette karmique

Mais admettons que vous ayez fait certaines choses dans votre vie dont vous n'êtes pas particulièrement fier et que vous vous demandiez avec appréhension quelle tuile va bien pouvoir vous tomber dessus. Eh bien, je suis là pour vous informer que vous pouvez régler vos comptes avec l'Univers.

L'option numéro un est de payer par le biais de la souffrance associée à votre dette karmique et de tirer les enseignements de cette souffrance. Eh oui, prenez sur vous. L'option numéro deux (bien plus séduisante) consiste à verser des acomptes en utilisant votre dharma. Vous avez un talent unique qui vous permet d'être au service du monde. Et votre devoir est de vous en servir. Si le karma correspond à ce qu'il faut faire pour atteindre votre objectif final, le dharma est votre but de vie – c'est l'objectif final en question. Est-ce que cela a du sens ? Les deux concepts (ou forces) sont inextricablement liés. Vous en saurez plus sur votre raison d'être en lisant le chapitre 10.

Vos choix sont-ils effectués par l'enfant qui vit en vous ?

Je vais me servir de l'histoire d'une cliente pour vous montrer l'effet important de la compréhension de ses choix.

L'HISTOIRE DE HANNAH

Hannah s'était brouillée avec quelqu'un qui l'accusait à tort d'avoir fait quelque chose. Elle a immédiatement réagi par la colère et la défiance et s'est sentie contrariée et blessée. Cette situation l'a épuisée mentalement pendant plusieurs jours, et elle ne comprenait pas pourquoi elle était très affectée par cette histoire alors qu'elle n'était même pas proche de cette personne.

Quand nous avons échangé, je lui ai demandé pourquoi elle faisait le choix de se sentir si affectée. Je savais que ce sentiment avait pour origine quelque chose d'ancré bien plus profondément, et j'ai demandé à Hannah si elle avait souvenir d'avoir été accusée, étant petite, d'une chose qu'elle n'avait pas faite et qui l'avait mise dans le même état. Il lui est revenu à l'esprit, presque immédiatement et très nettement, un épisode, alors qu'elle avait 6 ans. Le directeur d'école l'avait grondée et punie d'une semaine d'exclusion pour une bêtise qu'elle n'avait pas faite. Sa réaction marquée à la situation actuelle était en fait dictée par la petite fille qui était en elle et son histoire.

Après avoir pris conscience du mécanisme, Hannah avait le choix entre laisser la petite fille intérieure mener la danse et réagir d'une manière qu'elle regretterait par la suite et opter pour une réponse d'adulte. Je l'ai aidée à choisir de demander à son Âme de gérer cette chierie comme un soldat ou de laisser son Ego se déchaîner. Il est parfois plus facile de considérer que vos réactions sont incontrôlables à cause de leur ampleur, mais je suis là pour vous dire que vous avez le choix et que ce dernier influera sur l'issue de l'affaire.

Hannah a décidé de pardonner intérieurement à la personne qui avait été injuste envers elle et de prendre du recul et gratifier sa petite fille intérieure de l'amour qu'elle méritait. Hannah m'a dit s'être sentie immédiatement plus légère. Quelques jours plus tard, la femme qui lui avait fait du tort a présenté ses excuses et lui a demandé si elles pouvaient tourner la page.

Lorsque nous modifions notre énergie et prenons conscience de nos choix au lieu d'évoluer sur pilote automatique et laisser nos émotions ou notre enfant intérieur se mettre aux commandes, nous prenons le pouvoir. Afin de grandir spirituellement, nous devons d'abord avoir conscience de nos pensées. Le seul contrôle que nous exerçons, c'est sur nous-mêmes, ce que nous pensons et ressentons. Personne ne peut nous faire ressentir certaines choses tant que nous ne le laissons pas faire. Lorsque nous changeons l'être que nous sommes, notre cœur, notre esprit et tout ce qui nous entoure changent également.

Soyez « plus crabe »

J'ai toujours pensé que les crabes étaient des créatures particulièrement suspectes, à avancer ainsi de travers dans la vie. Ce que j'ignorais à propos du crabe, c'est que lorsque sa carapace devient trop petite, il la perd et il en pousse une nouvelle.

J'ai entendu la merveilleuse histoire suivante à propos d'un crabe s'appelant Grasper.

L'HISTOIRE DE GRASPER

Le jour où Grasper a vu sa carapace tomber, tous les autres crabes lui ont dit qu'il allait commencer à entendre des voix et conseillé de les ignorer jusqu'à ce que sa nouvelle carapace pousse. Ils ne voulaient pas que Grasper bouge. Ce dernier était de nature curieuse et est sorti de derrière son rocher, malgré les avertissements de sa famille et de ses amis.

Il a donc pris le risque de s'aventurer plus loin et est tombé sur le plus gros crabe qu'il ait jamais vu. Il lui a demandé comment cela se faisait qu'il soit si gros. Le gros crabe lui a répondu qu'il lui arriverait la même chose s'il décidait d'abandonner la petite vie qu'il menait et apprenait à grandir. Le crabe géant lui a expliqué qu'un crabe grandit à la mesure du monde dans lequel il évolue et grossit selon la taille de son cœur. Pour devenir le plus gros des crabes, Grasper devait donc élargir son horizon et se retrouvait face à un choix important : rejoindre la « sécurité » de sa petite maison derrière le rocher ou s'attacher à devenir la plus grosse version de lui-même.

La leçon de cette histoire, c'est bien sûr que pour devenir la plus grosse version de nous-mêmes, nous autres, les humains, avons le choix entre nous cantonner à ce que nous connaissons et nous débarrasser de notre vieux moi, ainsi que de nos histoires merdiques et notre étroitesse d'esprit, afin d'élargir notre horizon. Grasper ne souhaitait pas se contenter de survivre, mais se libérer et voir ce que la vie avait à lui offrir.

Il a appris qu'il avait la faculté de choisir et non d'évoluer sur pilote automatique et suivre tous les autres crabes.

La vie reflète tout ce qui nous entoure, et ce qui nous entoure reflète la vie. C'est une vérité universelle qui s'applique à tout dans cette existence. Nous devons apprendre à nous assumer, ainsi que notre situation. Les choses ne sont pas bonnes ou mauvaises – ce ne sont que les étiquettes que nous mettons dessus. Des choses nous arrivent afin de nous aider, et nous devons les assumer pour grandir. Peu importe ce que vous avez vécu à ce stade. Gardez simplement à l'esprit que c'est l'occasion de vous purifier et de vous reconnecter à votre raison d'être suprême.

Idées essentielles à retenir

★ Le karma n'est pas une chose mauvaise ni une punition. Il fonctionne pour les choix positifs et négatifs.

★ Le meilleur moyen de cerner et optimiser le recours à la loi karmique est de devenir parfaitement conscient des choix que vous effectuez à chaque instant.

★ Votre corps connaît deux sortes de sensation : le confort et l'inconfort (vous ressentez viscéralement ce dernier).

★ L'activation d'un bon karma commence par l'existence d'une bonne intention derrière chaque choix. Plus vous donnez, plus vous recevez.

★ Soyez plus crabe et sachez que, pour grandir, vous devrez peut-être voir plus grand que votre entourage.

PASSEZ À L'ACTION !

Activez le bon karma

Pour cette tâche « Passez à l'action ! », vous allez intentionnellement activer le bon karma. Le moyen le plus simple de procéder est de donner aux autres par altruisme. Et l'un de mes moyens préférés est les « gestes de gentillesse aléatoires ».

Pendant vingt-quatre heures, voyez combien de fois vous pouvez vous mettre en quatre pour vous montrer extrêmement gentil. Il peut s'agir de souhaiter mentalement à la personne qui fait la queue devant vous au supermarché d'apprécier un bon repas avec les produits qu'elle a mis dans son chariot, d'offrir un café à un SDF, d'appeler un ami pour lui demander s'il a besoin d'une quelconque aide. Peu importe, mais l'idée est de bien prêter attention aux autres pendant vingt-quatre heures et d'avoir conscience de la nature de ce que vous donnez.

La bienveillance entraîne un changement chimique positif dans votre organisme et dans celui des autres. Dans un univers où tout le monde est très centré sur soi, voyez combien de personnes vous parvenez à faire sourire rien qu'en pensant à elles. Je vous préviens, cela peut devenir très addictif !

Être gentil avec les autres est facile, alors passez à l'action ! J'aimerais également que vous partagiez ce que vous avez fait sur les réseaux sociaux (#jfdibekind). Ayons plus conscience de notre pouvoir de changer les choses (même modestement) pour les gens qui nous entourent.

10

Google n'a pas toutes les réponses

Prier, c'est s'adresser à l'Univers.
L'intuition, c'est l'Univers qui s'adresse à vous.

Vous êtes doté de super-pouvoirs dont vous n'avez peut-être même pas conscience et qui peuvent vous offrir une existence des plus fantastiques. Je vous ai déjà parlé de la faculté de vous servir de vos pensées pour manifester, mais il est un autre super-pouvoir qui va trop souvent de soi pour nous et qui est très largement sous-utilisé : votre *intuition*.

Votre intuition est un don naturel. Ce GPS interne est connu sous différents noms – pressentiment, inspiration, idées, instinct, sixième sens, entre autres. Le terme « intuition » vient du latin *intueri* (regarder dans) et était utilisé au départ pour l'inspection spirituelle. Cela signifie donc « aller à l'intérieur afin de découvrir des réponses ». L'intuition fonctionne en dehors des paramètres normaux de l'expérience et ne peut être vue, entendue, sentie ou goûtée, mais est conçue pour vous guider en toute facilité vers la vie que vous imaginez.

Votre intuition est le vecteur de votre meilleur moi pour communiquer avec vous. Et si vous écoutez bien, elle vous murmure des choses d'une voix adorable… « Passe à l'action ! » L'intuition accède à l'ordinateur cosmique – le champ de la potentialité pure, de la connaissance pure et du pouvoir d'organisation infini – et prend tout en compte. Parfois, elle peut même paraître irrationnelle, mais c'est une capacité de calcul bien plus précise que tout ce qui appartient à la pensée rationnelle. L'aptitude spirituelle ne s'explique pas, mais vous permet de savoir précisément ce que vous devez faire pour que votre vie de rêve se concrétise. Et elle vous guide pas à pas avec bonheur.

Le pouvoir de l'Âme

Votre intuition est littéralement un appel de l'Univers ou votre Âme qui s'adresse à vous. Une fois que vous êtes en phase avec elle, c'est l'Intelligence universelle qui vous fait fonctionner : c'est le pouvoir de l'Âme à l'œuvre.

Votre Âme sait ce que vous voulez, préserve vos intérêts et a toujours raison. Lorsque vous avez peur de voir plus grand, elle vous tient la main et vous dit de plonger dans l'inconnu en toute confiance. Elle communique avec vous en faisant naître un pressentiment qui vous incite à aller dans une certaine direction. Elle peut vous apporter la sécurité en période de chaos, vous encourager à saisir des occasions quand l'incertitude est là et vous mener vers un monde au sein duquel vous évoluez avec vos cinq autres sens. Et si tout le monde a de l'intuition, apprendre à lui faire confiance est une tout autre histoire.

Vous est-il déjà arrivé de trouver une situation louche ? Par exemple, une personne vous donne une impression négative sans que vous sachiez pourquoi. Et si vous avez déjà ressenti cela, avez-vous ignoré cette impression en pensant que cela ne tenait pas debout ? Mais peut-être avez-vous vécu le contraire : vous avez eu le sentiment très fort de *devoir* absolument faire quelque chose, et cela s'est avéré la meilleure des décisions, même si vous ne pouvez dire précisément *pourquoi* vous avez agi ainsi. Tout le monde ou presque a déjà vécu des moments où un raisonnement inconscient nous pousse à faire une chose sans nous dire pourquoi ou comment.

Le problème, c'est que le bruit de ce petit Ego empoisonnant couvre les murmures de votre Âme depuis bien trop longtemps. L'Ego est bruyant. Il est comme un enfant de 2 ans qui ne grandirait jamais, taperait des pieds et serrerait les poings jusqu'à ce que vous cédiez. L'Ego souhaite que vous vous souciiez en permanence du monde extérieur. Et pourtant, le secret pour exploiter tout votre potentiel et écouter les conseils provenant de votre Âme est d'apprendre à tourner votre regard vers l'intérieur. Vous devez ignorer la voix déchaînée de votre Ego.

Mais l'être humain a tendance à écouter tout le bruit environnant. Le monde est tellement bruyant qu'il vous faut une paire d'écouteurs anti-bruit extrêmement efficaces pour effectuer ce travail intérieur de connexion avec votre Âme. Vous avez le bruit de votre esprit, le bruit des personnes qui vous entourent, le bruit de votre culture, le bruit de votre conscience, le bruit de vos attentes. Rares sont les personnes qui prennent le temps de sortir de leur vie trépidante, de leur boîte de réception remplie à ras bord, des fils d'actualité numériques, afin d'être au calme, loin de cette cacophonie de bruits parasites et de laisser leur Âme leur montrer le chemin.

Et pour cela, nous devons donner à notre Âme l'espace nécessaire. Elle ne se battra pas avec l'Ego. Vous devez l'*autoriser* à occuper le devant de la scène et la laisser danser en vous. Vous devez apprendre à ignorer les succès ou échecs du monde extérieur et vous engager à être totalement centré et obsédé à bon escient par votre périple personnel.

Même si l'Ego a pour l'heure plus de pouvoir, nous allons changer la donne dans ce chapitre. Lorsque vous réveillez votre Âme, vous accédez au pouvoir du potentiel pur qui sommeille en vous. Lorsque votre développement personnel sans lien avec la réussite d'autrui vous obsède, vous êtes en mesure de manifester des choses dépassant vos rêves les plus fous.

Comment accéder à votre intuition

Il y a quelques années, je me rendais en voiture à un événement en écoutant le livre audio d'Elizabeth Gilbert intitulé *Comme par magie*. Si vous n'avez pas lu ce livre, vous devez absolument le faire. C'est comme une perfusion d'ondes enchantées pour l'Âme.

Dans ce livre, Elizabeth Gilbert raconte que la peur l'a poussée à interrompre l'écriture de son premier livre et qu'elle est parvenue à la surmonter et à devenir une autrice à succès. En roulant, j'ai senti un courant électrique mystérieux parcourir tout mon corps. Tous mes poils se hérissaient et c'était comme si mon sang bouillonnait. J'avais le sentiment extrêmement puissant, *je savais*, que je devais écrire un livre. C'est la qualité incroyable de votre Âme. Elle est capable de communiquer avec vous d'une multitude de manières – par le biais de l'inspiration, d'idées ou de la chair de poule, ma préférée.

Mais devinez quoi ?... J'ai ignoré ces signes pendant un bon moment.

« Ne sois pas ridicule – tu n'es personne ! » me murmurait mon Ego.

Un an plus tard, on m'a demandé d'être vraiment honnête sur ce que je voulais faire de ma vie et la manière de marquer le monde de mon empreinte. J'ai donc écrit en majuscules « ÉCRIRE UN LIVRE ». Je savais seulement que je devais le faire et que le moment était venu de prendre mon courage à deux mains.

Le problème, c'était que décrocher un contrat d'édition est d'une difficulté notoire, et que je n'étais personne, simplement une fille avec un rêve fou. Mais je savais que je le voulais et que j'en étais capable. Mais d'où pouvait bien venir ce sentiment réconfortant ? De mon Âme. Je lui permettais de briller. Je lui faisais confiance comme à une mère et l'écoutais avec dévotion.

Les événements qui se sont déroulés par la suite n'avaient rien d'un miracle. Une fois que vous commencez à prêter attention aux signaux de votre Âme, vous vous mettez à voir plein d'indices prouvant que vous êtes guidé vers ce que votre cœur désire. Après avoir admis que je souhaitais écrire et publier un livre, et pendant que j'échafaudais mon plan, j'avais la conviction que j'allais y parvenir – parce que votre Âme ne vous ment jamais. Dans les moments de doute ou face aux refus, je demandais à l'Univers de m'envoyer un signe, et il s'exécutait toujours – c'est ainsi que j'ai toujours su que mon vœu allait être exaucé, et malgré l'improbabilité que je réussisse, deux éditeurs m'ont proposé un contrat.

Lorsque je repense à cette année et au chemin parcouru, je ne peux que sourire à pleines dents comme le chat du Cheshire. Tout s'explique : chaque refus m'a guidée vers le contrat d'édition dont je savais qu'il allait me permettre de faire de belles choses dans ce monde et d'interpeller les gens avec un message extrêmement cher à mon cœur : nous sommes tous capables de changer de vie si nous le décidons, et l'essentiel est d'apprendre à choisir qui nous voulons être, reprogrammer notre esprit et écouter notre moi supérieur – notre Âme.

OK, comment en suis-je arrivée au point de pouvoir mettre en sourdine l'Ego pour faire de la place à mon intuition et apprendre à lui faire confiance ? C'est presque tellement simple que vous allez me détester. Pourtant, nombre de personnes ne le feront pas.

Diminuer le bruit

La méditation aide à diminuer le bruit fait par l'Ego. Vous avez vraiment là une occasion en or de cultiver votre intuition à l'aide de la solitude et du silence, ne serait-ce que cinq minutes par jour. Ce moment de calme permet à votre esprit d'effectuer un grand nettoyage de printemps qui offrira à votre Âme l'espace nécessaire pour communiquer avec vous.

Si vous ne vous êtes jamais habitué à rester délibérément seul, cet exercice peut s'avérer quelque peu bouleversant, car vous vous retrouvez alors brutalement en tête à tête avec vous-même

– toutes les parties de votre être. Parfois, des émotions peuvent surgir de manière inattendue du plus profond de vos entrailles. Ne vous inquiétez pas, cela fait partie du processus de compréhension personnelle et vous permet de mieux déceler votre intuition.

L'avantage de la solitude, c'est que vous n'êtes pas entouré de personnes qui vous disent quoi faire ou qui être. Vous êtes avec vous-même et votre pouvoir de décision. Et bien qu'il faille de la patience et de la pratique pour apaiser votre esprit, c'est également incroyablement libérateur.

J'ai inventé un exercice de méditation qui vous permettra d'accéder à votre intuition. Vous le retrouverez à l'adresse suivante : *www.noorhibbert.com/book* (en anglais).

Danser en état d'extase

Notre état le plus naturel est celui de la joie et de l'amour, le mieux à même de vous connecter à votre intuition et d'afficher une capacité accrue de *sentir* qu'elle communique avec vous. La plupart de nous autres, humains ridicules, sommes complètement inconscients de cet « état naturel », car nous sommes trop occupés à nous sentir désolés – à cause de la pluie, des embouteillages ou de notre chef imbuvable. Nous sommes prisonniers de foutaises au lieu d'absorber l'excellence pleine de pureté que la vie peut nous offrir.

Si nous prenions le temps d'apprécier ce qu'il y a devant nous, nous crierions « Amen ! » sur tous les toits. Ce sentiment de gratitude absolue est notre état naturel. En fait, il est pourtant incroyablement simple d'accéder à notre état naturel. Mais c'est tellement simple que, vu notre complexité, nous ne lui faisons pas confiance.

Apprendre à faire confiance à son intuition

Le problème, c'est que notre esprit et notre Ego essaient la plupart du temps de faire passer l'intuition à l'arrière-plan. Ils s'échinent à nous parler au lieu d'écouter cette intuition. Le raisonnement logique, les détails pratiques et le réalisme se mettent en branle et étouffent ce qui semble être des conseils « mystiques » fournis par votre Âme.

Apprendre à faire confiance à cette intuition est *difficile*. C'est comme ce jeu consistant à se laisser tomber en arrière en espérant que la personne derrière vous n'oublie pas de vous rattraper. Parfois, votre instinct souhaite vous voir vous lancer dans une entreprise qui paraît impossible, prendre une direction qui semble hors de portée ou mener une action qui vous fiche la pétoche. Mais une fois que les choses commencent à se matérialiser, vous prenez confiance en votre intuition au cœur du chaos semé par votre esprit trop conditionné.

Admettons que vous cherchiez l'élu de votre cœur. Vous finissez par avoir un rendez-vous avec quelqu'un qui coche toutes les cases. Il est drôle, séduisant, gentil et semble avoir une mère qui ne vous rendra pas dingue si cette relation s'avère sérieuse et durable. Tout colle sur le papier, mais quelque chose vous dit que tout ne marchera pas comme sur des roulettes. C'est votre intuition. Vous finirez peut-être par rester avec cette personne pendant un an (il n'y a aucun mal à cela), mais il peut être utile de consigner dans un journal les éléments fournis par votre intuition, ce que vous avez fait de ces informations et là où cela vous a menée.

S'il se révèle être un tueur en série ou s'il développe la manie dérangeante de vous lécher les orteils, consignez cela par écrit et remerciez votre intuition de vous avoir prévenue (même si vous avez ignoré ses conclusions pendant un moment). Vous le saurez ainsi pour la prochaine fois et gagnerez un an de votre vie au bout du compte. J'avais une amie qui tombait toujours sur des hommes qui paraissaient formidables. Et pourtant, elle sentait toujours étrangement poindre en elle des « avertissements ». Mais cela ne l'empêchait pas de mordre à l'hameçon, et il s'ensuivait alors des années de chagrin.

Agir sur la base de votre intuition

Vous finirez par vouloir agir en fonction de votre intuition – contrairement à ma chère amie qui a passé dix ans à sortir avec des hommes à éviter. Vous faites déjà cela au niveau subconscient avec de petites choses (vous mangez quand vous avez faim et dormez lorsque vous êtes fatigué), mais dans le cas d'une intuition plus marquée, il faut afficher un certain degré de confiance pour agir sur la base d'un pressentiment.

Démarrez modestement. Si vous balayez la carte d'un restaurant que vous découvrez, choisissez le premier plat qui vous paraît délicieux. Si vous courez dans un parc et que vous avez le sentiment d'être capable d'effectuer un tour supplémentaire, eh bien faites-le ! Cela entraîne votre esprit et votre corps à faire confiance à ce qui se produit naturellement. Lorsque vous deviendrez plus à l'aise avec votre instinct, vous pourrez commencer à vous servir de votre intuition pour prendre des décisions plus importantes comme :

- Changer de métier.
- Fonder une famille ou avoir un autre enfant.
- Suivre un cours ou recruter un mentor.
- Tirer un trait sur des relations toxiques.
- Renouer avec quelqu'un.

Mais gardez bien à l'esprit que, même si vous suivez votre instinct, la peur montrera toujours son visage hideux. Elle est toujours présente lorsque vous faites quelque chose d'important et de nouveau. Mais quand elle essaie de vous couper dans votre élan alors que vous tentez de réaliser une action d'envergure, observez-la et adressez-vous à elle pour lui dire que vous avez choisi de ne pas l'écouter.

L'intuition et le dharma (le but de vie, la raison d'être)

Le chemin le plus simple menant à votre but de vie implique que vous suiviez l'objet de votre passion. Réfléchissez à ce qui vous enthousiasme, vous fait vous sentir vivant, vous anime. Les livres ? La cuisine ? Les voyages ? Aider les autres ? La création artistique ? Votre raison d'être se trouve là où naît la joie en vous. Trouvez les choses qui vous enchantent, et votre but de vie vous trouvera ! Votre Âme parle à travers vos émotions. Alors, écoutez-les.

N'ayez pas peur de vous tourner vers l'intérieur de votre être et de demander à votre intuition : Quel est ma raison d'être ? Comment puis-je aider le monde ? Comment puis-je rendre service ? Votre sagesse intérieure (Âme) vous éclairera de ses conseils. Il vous suffit d'écouter et de la guetter. Quand vous ferez votre demande et resterez branché sur Radio Univers, vous commencerez à percevoir des signes. Faites simplement confiance à votre instinct. L'Univers se mettra à vous pousser dans la bonne direction grâce à la créativité ou à des idées que j'appelle « téléchargements divins ». Cela revient littéralement à télécharger les bonnes informations nécessaires directement depuis l'Univers. Ces idées vous mèneront dans la bonne direction ou vous aideront à révéler vos talents et habiletés uniques et la façon de les exploiter. Parfois, nos talents uniques ne nous enrichissent pas pour autant, mais peuvent nous rendre très heureux et épanouis.

Il vous faut également être heureux de vous débarrasser de l'être que vous étiez afin de devenir la personne que vous avez en tête. Plus votre vie est encombrée de choses, de personnes et d'événements qui ne vous rendent plus service, moins vous laissez de place à l'Univers pour qu'il vous montre la voie vers votre véritable but dans la vie. Si vous êtes accaparé par une existence qui ne vous fait pas vibrer, il est essentiel que vous preniez le temps de faire disparaître ces rituels néfastes. Chaque jour, faites le choix délibéré de vous débarrasser d'un élément accessoire, pour que votre vie s'ouvre pour recevoir, afin de refaire le plein d'énergie et d'être plus en phase avec votre véritable but de vie. Voilà pourquoi il est essentiel de baisser le volume sonore du bruit et de pratiquer la méditation.

Créer un « espace blanc » dans votre journée est un autre facteur important, mais qui nous pose des difficultés. Ne « rien » faire nourrit notre Âme (remarque : se gaver de séries sur Netflix n'est pas considéré comme un « rien » !). La qualité de votre « rien » est également importante. Et côtoyer la nature est l'un des meilleurs moyens d'intégrer petit à petit ces poches de « rien » à votre quotidien, d'« être » plus souvent. Vous aurez ainsi l'occasion unique de vous aligner sur les cycles de la nature et l'énergie de l'Univers et de vous connecter à votre être. Après tout, on nous appelle les êtres humains et non les « faire » humains.

Les signes spirituels

Si vous doutez de votre intuition, vous pouvez toujours demander à l'Univers de vous envoyer un signe. Les signes revêtent deux formes : ceux que vous réclamez et les synchronicités. Les synchronicités ou « coïncidences heureuses » se produisent lorsque l'Univers vous montre que vous êtes sur la bonne voie – celle en phase avec votre but de vie. Nous sommes toujours guidés vers la prochaine étape. Il suffit de suivre la lumière pour être certain de suivre le bon chemin.

Laissez-moi vous raconter une histoire concernant la naissance de mon troisième enfant. Je sais que lorsque j'ai besoin d'un signe, il va apparaître. Depuis l'an dernier, mon signe est un papillon. Si j'ai besoin d'être rassurée sur quelque chose, je demande et il apparaît, mais attention, ce signe ne prend pas forcément la forme imaginée.

Je marchais dans ma cuisine, enceinte jusqu'aux yeux, puisque le terme était dépassé, les contractions de Braxton-Hicks en train de redoubler. J'avais toujours eu ce genre de contraction, à tel point que, pour mon deuxième enfant, les médecins étaient convaincus que le travail avait commencé, et je n'étais pas trop inquiète. Mais une petite voix me disait : « Ça y est, le travail a commencé. »

J'ai dit en plaisantant à mon mari que je devais en être certaine, car ses parents se rendaient à un mariage, et j'avais vraiment besoin qu'ils ne picolent pas si jamais ils devaient garder nos deux enfants. J'ai donc dit à voix haute dans ma cuisine : « Hé, l'Univers, fais ton boulot. Montre-moi un papillon si le travail doit débuter ce soir. »

J'ai ensuite posé sur la table la salade que j'avais préparée, mon mari et les filles attendant impatiemment le dîner. En faisant le service, une petite lamelle d'oignon rouge (plutôt de couleur violette) a jailli du saladier. J'allais pour la remettre dans le saladier quand ma fille de 3 ans s'est exclamée, « MAMAN, ne touche pas à mon papillon ! »

Je savais déjà que les signes ne sont pas forcément aussi concrets et que l'Univers aime frimer. Les poils de mes bras se sont dressés lorsque mon Âme s'est mise à communiquer avec moi. J'ai alors regardé mon mari. « Merde alors ! Je crois que le travail a commencé ! »

Cinq minutes après le dîner, je me suis levée, puis dirigée vers le salon. Et, comme si tout était parfaitement orchestré, j'ai senti la poche se déchirer et j'ai perdu les eaux en plein milieu du salon. « Oh bordel ! Va falloir m'aider, là ! »

Ce soir-là, j'ai accueilli ma troisième fille avec l'accouchement que j'avais manifesté. Je voulais accoucher à la maison.

Je souhaitais que cela se passe la nuit pendant que mes enfants dormaient. Je désirais que ma belle-mère soit présente. Je tenais à ce que cela se fasse rapidement et dans le calme. J'ai eu satisfaction à tous égards. J'ai demandé à l'Univers de m'envoyer un signe et il s'est exécuté.

Il arrive que les signes prennent d'autres formes. Il peut s'agir de nombres qui n'arrêtent pas d'apparaître ou d'animaux qui n'ont de cesse de se montrer (eh oui, les animaux totems, cela existe !). Si vous dressez l'oreille et ouvrez l'œil, vous vous apercevrez que l'Univers communique toujours avec vous.

Idées essentielles à retenir

- ★ Votre intuition est la façon dont l'Univers s'adresse à votre Âme.
- ★ Vous devez calmer l'Ego afin d'écouter ce que l'Âme a à vous dire.
- ★ Pour parvenir à faire confiance à votre intuition, vous devez vous entraîner auparavant.
- ★ Réservez un « espace blanc » dans votre journée afin de pouvoir vous connecter et entrer en contact avec votre Âme.
- ★ L'Univers trouvera toujours un moyen de communiquer avec vous si vous le sollicitez.

PASSEZ À L'ACTION !

Consignez vos téléchargements divins

Tenez un journal de vos intuitions ou prenez des notes sur votre téléphone. Consignez des intuitions et expériences similaires vécues d'un jour et d'une semaine à l'autre. Testez votre intuition en posant des questions, puis en voyant à quoi ressemblent les différentes options et quelles idées émergent.

Au bout d'un ou deux mois, replongez-vous dans vos expériences tirées de votre intuition et voyez si des schémas se dessinent. Vous apprendrez ainsi à mieux vous connaître et à cerner les incursions de votre intuition dans votre vie quotidienne. Il y aura toujours des distractions, mais votre instinct vous proposera des idées que vous ne trouverez nulle part ailleurs, et cela vaut le coup de cultiver cette tendance.

11

La gratitude est vraiment géniale !

La gratitude est le moyen le plus rapide de vous connecter à Radio Univers et favorise la guérison, la survenue de miracles et la manifestation de vos désirs.

Nous avons fait du bon travail ensemble, et j'espère que vous êtes maintenant sensible à une nouvelle perception de soi et aux possibilités qui s'offrent à vous. J'aimerais que vous preniez quelques instants pour fêter votre présence en cet instant. Je souhaite que vous soyez heureux d'avoir saisi l'occasion d'évoluer.

En pensant au parcours qui m'a permis de progresser en tant que personne, j'ai réalisé que je le devais à ma mère. Elle est entrée dans une société de marketing de réseau et s'est soudain mise à coller des planificateurs d'objectifs sur les murs, à acheter des dizaines de livres, à afficher un tempérament radieux inhabituel et à essayer constamment de nous vendre des produits à l'aloe vera. En toute honnêteté, nous pensions qu'elle était entrée en religion, car elle assistait à des réunions hebdomadaires et n'arrêtait pas d'essayer de recruter des membres peu méfiants de la famille. Mais elle paraissait vraiment heureuse, et bien que nous pensions qu'elle subissait un lavage de cerveau, elle n'arrêtait pas de parler de l'Univers et de l'énergie. Et il y avait là quelque chose qui m'attirait inconsciemment.

Un jour, alors que prenait fin mon séjour chez ma mère, dans le Surrey, j'ai attrapé une boîte qui contenait des CD de Jim Rohn (Rohn, 1994), posée sur des étagères à côté de toute une rangée impressionnante de livres consacrés au développement personnel. J'avais donc du contenu à écouter pendant les trois heures de trajet pour rentrer dans le Yorkshire. Cela a constitué le début d'un nouveau chapitre : le marketing de réseau m'a sauvé la vie et sans jamais devoir vendre, Dieu merci, le moindre produit à l'aloe vera ! Un livre audio m'a fait comprendre que la vie pouvait apporter bien plus de choses que je ne le pensais. Je lui serai éternellement reconnaissante.

Être reconnaissant

Être reconnaissant est à la portée de tout le monde, ne vous coûte rien, est simple à pratiquer et demande peu de temps. Ce chapitre va vous montrer en quoi la gratitude est l'un des moyens les plus efficaces de modifier votre énergie et d'attirer ce que vous attendez de la vie. La gratitude est le moyen le plus rapide de vous connecter à Radio Univers et favorise la guérison, la survenue de miracles et la manifestation de vos désirs.

À vrai dire, nous pourrions tous nous montrer plus reconnaissants. Nous sommes tellement en proie au syndrome « Et ensuite ? » que nous oublions de nous poser et de contempler avec gratitude ce que nous avons devant les yeux. En fait, l'un des jeux préférés de l'Ego est le « Tu n'as pas ce que tu veux ». L'Ego vous convainc que vous avez besoin d'une voiture, d'une maison, d'une promotion et d'argent pour être heureux ou reconnaissant.

Eh bien, je suis là pour saboter la parade de l'Ego et vous dire que, si vous parvenez à vous centrer sur ce que vous avez déjà, vous obtiendrez bien plus facilement toutes ces choses que vous désirez. La fréquence de la gratitude est la fréquence de l'amour, et l'Univers est un incorrigible romantique. La gratitude est vraiment peu monnaie courante dans notre monde actuel, la plupart des gens étant plus obnubilés par leur volonté d'aller de l'avant au lieu de prendre le temps d'apprécier leur situation et ce qu'ils ont déjà.

Dans ces conditions, comment vous montrer incorrigiblement reconnaissant au quotidien ? Prenez une feuille de papier et dressez la liste de toutes ces choses ridiculement merveilleuses en votre possession. Et je souhaite que vous creusiez profondément. Oubliez pour l'heure les biens matériels et réfléchissez à ce que vous possédez *vraiment*. Si vous lisez ce livre, je parie que vous êtes vivant et en capacité de respirer. À quelle fréquence vous arrive-t-il d'être reconnaissant de pouvoir respirer ?

Votre première tâche consistera donc à inspirer profondément de façon à remplir le moindre espace de vos poumons. Faites-le maintenant. Puis expirez en disant : « Je suis reconnaissant ». Répétez cela tous les jours.

Si vous lisez ce livre, prenez un moment pour être reconnaissant envers vos yeux. Si vous écoutez ce livre, soyez reconnaissant envers vos oreilles. Je vous suggérerais bien de lécher ce livre afin d'exprimer votre gratitude envers votre sens du goût, mais je pense que ce serait aller un peu trop loin !

L'être humain hérite de dons tellement exceptionnels qu'ils vont de soi à ses yeux. Vous arrive-t-il souvent de prendre un instant pour exprimer votre gratitude envers la nourriture qu'il y a dans votre assiette, l'eau que vous buvez et qui permet de vous doucher chaque jour ou les personnes qui font partie de votre vie ? J'ai même commencé à être reconnaissante envers les factures que je reçois. Sur cette planète, des personnes donneraient n'importe quoi pour recevoir une facture d'eau – ce qui leur épargnerait une marche de 20 km pour récupérer un seau d'eau non potable. Lorsque je me suis mise à ressentir de la gratitude pour l'existence me permettant de m'offrir ces différents luxes, mon point de vue a radicalement changé.

Je ne souhaite pas noircir le tableau. Je veux que vous commenciez à réaliser dans quelle richesse vous évoluez, car en adoptant cet état d'esprit, vous obtiendrez plus souvent ce à quoi vous aspirez. L'auteur de développement personnel Eckhart Tolle évoque notre besoin d'être dans l'instant présent et d'apprécier chaque moment en ressentant une joie pure, car tout ce dont nous disposons est l'instant présent, et ce que nous offre cet instant présent correspond à tout ce que nous avons en ce moment.

Soyons réalistes : vous arrive-t-il souvent de dire à votre partenaire, vos enfants, vos parents et vos amis que vous leur êtes reconnaissant de faire partie de votre vie ? Apprécier l'autre sans en avoir honte peut contribuer à enrichir les relations. La réponse de certains de mes clients à la question « À quand remonte la dernière fois où vous avez dit à votre partenaire que vous lui étiez reconnaissant d'être là ? » est souvent la suivante : « Je ne m'en souviens pas. » Il leur arrive de se plaindre que leur partenaire n'exprime aucune gratitude à leur égard ou fait peu de cas d'eux, mais ils ne remarquent pas qu'ils ne se comportent pas comme ils espéreraient être traités. La gratitude n'est pas à sens unique !

Pratiquer la gratitude

Je conseille toujours d'exprimer sa gratitude pendant un mois. Je dis à mes clients de noter 30 choses pour lesquelles ils sont reconnaissants envers leur partenaire. Les dix premières leur viennent facilement. Les dix suivantes demandent un peu plus de temps et les dix dernières exigent une réflexion plus profonde. Inscrivez chacune d'elles sur un Post-it, et chaque jour pendant un mois, laissez un mot quelque part, de façon à ce que votre partenaire le remarque : sur un miroir, sur son oreiller, sur son bureau. N'attendez rien en retour. Observez la magie opérer.

Outre la pratique de la gratitude pour tout ce qui vous satisfait dans votre existence, il est essentiel de vous entraîner à être reconnaissant lorsque la vie vous martyrise. Eh oui, vous m'avez bien entendue – vous ne devez pas être seulement reconnaissant lorsque tout va bien, mais également quand tout ne se passe pas comme voulu. Car, lorsque vous êtes reconnaissant, vous comprenez que « cette situation fâcheuse doit se produire pour votre plus grand bien ». Quand vous rencontrez des difficultés ou vous vous sentez dévasté, répétez sans cesse : « Je suis reconnaissant, je suis reconnaissant, je suis reconnaissant ». La peur et l'anxiété ne peuvent cohabiter avec la satisfaction.

En outre, annoncer de bon matin que vous être reconnaissant pour la superbe journée qui s'annonce vous permettra de démarrer du bon pied. J'appelle cela « mariner votre journée ». De la même manière que je marine de la nourriture, j'aime mariner ma journée. J'aime tremper ma journée dans une sauce de gratitude spéciale afin de m'assurer qu'elle tourne vraiment conformément à mes désirs. Lorsque vous annoncez à l'Univers la tournure que vous souhaitez voir prendre votre journée, vous ouvrez la voie à une journée répondant à vos attentes.

Ajoutez « Je suis vraiment reconnaissant que quelque chose d'incroyable se soit passé au cours de cette journée », et vos vibrations passent de la formulation d'un désir à la survenue de ce que vous souhaitez. Si vous observez la formulation, vous remarquerez que votre gratitude entérine un fait *déjà survenu*. Lorsque vous exprimez votre gratitude de cette manière, un pouvoir spécial dit : « C'est fait. » Ce pouvoir est une force énergétique qui parle à l'Univers. Cette énergie est la *foi*.

« Cool, les mecs »

Revenons à l'automne 2007. Je me dirigeais vers une petite cabane située sur une plage jamaïcaine, quelque peu bileuse à l'idée de faire de la plongée avec bouteille. L'homme nous a accueillis, moi et mon petit ami de l'époque, et nous a dit qu'il pouvait nous faire plonger. L'instant d'après, nous avons été invités à prendre place sur ce petit bateau qui n'avait déjà pas l'air très solide échoué sur la plage. J'ai jeté un coup d'œil vers mon petit ami, carrément en panique et regrettant de ne pas avoir opté pour une orgie de daiquiris au bar de la piscine bien plus sûr.

Dans quel guêpier m'étais-je fourrée ?

Nous avons donc embarqué aussitôt aux côtés de ce Jamaïcain qui, j'en suis aujourd'hui convaincue, était carrément défoncé. C'était apparemment lui qui allait nous apprendre à plonger. Il ne m'était pas venu à l'esprit que nous n'avions signé aucun document concernant la sécurité, ni reçu la moindre formation. Une minute après, nous étions en plein océan.

Je n'ai jamais ressenti une telle terreur. Le moniteur était pour sa part tout à fait détendu. Il n'arrêtait pas de répéter « Cool, les mecs » avec son accent jamaïcain à couper au couteau pendant qu'il bâclait une démo perturbante de ce que nous devions faire tout en m'équipant. Impossible de me détendre ! J'étais convaincue que c'était l'heure, j'allais plonger dans la mer des Caraïbes et ne jamais remonter à la surface. Je me suis armée de courage pendant qu'il descendait un cordage dans l'eau. Il m'a ensuite fait signe de descendre jusqu'au fond.

« COOL, LES MECS. »

Notre moniteur avait beau nous répéter cela des centaines de fois, mon cœur battait tellement la chamade qu'il m'était presque impossible de saisir ces âneries de « Respire par le nez ».

La bonne nouvelle, c'est bien entendu que je suis encore là pour raconter l'histoire. La mauvaise nouvelle, c'est que j'ai failli mourir car mon réservoir s'est presque retrouvé vide à cause de mon rythme respiratoire rapide provoqué par l'anxiété, au moment où je me suis retrouvée face à une raie. Tout ce que je voyais, c'était mon petit ami faisant des gestes frénétiques pour me dire de me calmer, alors que je ne rêvais que d'une chose : le frapper pour avoir proposé cette expédition ridicule. Inutile de dire que je n'ai jamais refait la moindre plongée depuis et que notre relation n'a pas duré.

Mais quel est le rapport de cette histoire effrayante de mort imminente en plongée avec la manifestation ou la réussite ? Eh bien, vous devez apprendre à « vous détendre, les mecs » et à avoir foi dans l'issue. Pour obtenir quoi que ce soit dans le monde physique, vous devez renoncer à votre attachement envers cette chose. Vous devez lever les bras en l'air et laisser l'Univers œuvrer. Cela ne signifie pas que vous deviez renoncer à l'intention de concrétiser votre désir. Mais renoncez bien à votre attachement envers le résultat. Pourquoi ? Parce que vous savez au plus profond de votre Âme que l'Univers sera à la hauteur.

Par conséquent, bien qu'ayant souhaité survivre à cette activité, j'étais tellement obnubilée par l'issue de cette plongée que je ne parvenais pas à me détendre. En revanche, le moniteur de plongée était d'un calme olympien, et je réalise aujourd'hui qu'il devait être vachement spirituel.

Cela m'a fait penser au nombre de fois où je me suis projetée dans l'avenir en me demandant si j'obtiendrais l'issue souhaitée. Est-ce que le garçon avec qui je sortais depuis une semaine allait vouloir m'épouser ? Est-ce que l'activité que je venais tout juste de démarrer me ferait empocher un million ? Est-ce que j'aurais un jour des abdos en béton grâce à ce programme qui me promettait de faire un petit 38 à raison de dix minutes d'exercice ? Mais lorsque nous vivons toujours dans l'avenir en nous demandant sans cesse « Pourquoi X ou Y ne s'est pas encore produit ? », notre énergie en rapport avec le sujet se retrouve altérée. Dans quel domaine de *votre* existence êtes-vous extrêmement attaché au résultat ?

Levez les bras en l'air comme si vous n'en aviez rien à faire !

S'en remettre à l'Univers

L'une des choses qui me déstabilisaient dans l'attitude consistant à « s'en remettre à l'Univers », c'était cette relation à la fixation d'objectifs. Le danger de tomber dans le piège du « Où est mon/ma… ? », c'est qu'à chaque fois que vous pensez à l'*absence* de l'objet de votre désir, cela revient à semer un énorme rocher sur le chemin de l'Univers. Cela ralentit le processus de manifestation. Vous vous demandez peut-être, comme c'était mon cas autrefois, à quoi bon désirer quelque chose si nous devons ensuite nous en détacher. Cela ne défie-t-il pas assurément toute logique ?

Eh bien, il se passe une chose incroyablement puissante lorsque vous levez les bras en l'air et faites comme si vous vous en fichiez… Cela montre que vous avez la foi. Vous avez toujours l'intention d'atteindre un objectif, mais vous comprenez qu'entre votre situation actuelle et la destination souhaitée, il existe un nombre infini de possibilités quant au mode de matérialisation de votre souhait. Le « comment » n'est pas de votre ressort –, c'est la mission de l'Univers.

En associant l'intention et cet abandon à l'Univers, vous obtiendrez ce que vous souhaitez. Vous prenez alors en compte la magie de l'incertitude, ce qui signifie que vous êtes ouvert au changement sous l'impulsion du moment si vous trouvez un meilleur moyen d'atteindre votre objectif. De plus, si vous êtes réceptif à l'œuvre de l'inconnu, vous renoncez à votre besoin de forcer une solution et vous êtes ainsi disposé à accueillir les innombrables possibilités s'offrant à vous. Je sais que c'est hallucinant et que cela peut s'avérer perturbant, mais tout est lié à la foi.

Si vous affichez une foi inébranlable dans le fait que quelque chose de bien plus grand et puissant que vous est là pour vous soutenir, vous *savez* alors tout simplement que vous obtiendrez l'issue souhaitée. Par conséquent, inutile de vous demander en permanence si cela va marcher. Lorsque nous sommes obnubilés par un résultat ou une issue, cet attachement est fondé sur la peur. Et cette insécurité naît en l'absence de toute foi.

Lorsque vous savez avoir en vous la capacité de créer ce que vous souhaitez, vous pouvez alors côtoyer avec confiance l'incertitude du périple à accomplir. Cela vous aidera à manifester plus rapidement, car cette incertitude favorise la circulation des différentes options. Pour que vos rêves se réalisent, vous devez jouer sur le long terme. Si le jeu en vaut la chandelle, autant faire preuve de la patience nécessaire pour parvenir à destination.

Je me souviens avoir écrit que je souhaitais animer une conférence TEDx. J'avais planifié cela pour dans dix-huit mois, période pendant laquelle j'allais me préparer grâce à quelques interventions de moins grande ampleur et la réalisation de vidéos. Mon désir était présent, mais ne m'obnubilait pas. Deux semaines plus tard, j'ai reçu un appel me demandant d'effectuer une conférence TEDx quarante-huit heures plus tard ! Rien n'était préparé et cela me terrifiait, mais c'est l'illustration que des choses peuvent se produire spontanément parce que vous êtes détaché du résultat.

Comme vous pouvez le constater, l'Univers a l'intelligence d'orchestrer des événements afin d'obtenir l'issue souhaitée. Mais lorsque vous êtes attaché à cette issue, votre intention se retrouve enfermée dans un état d'esprit rigide et vous perdez alors la fluidité, la créativité et la spontanéité propres au champ de possibilités de l'Univers.

Le détachement décuple également la vitesse d'exécution du processus de manifestation, comme le montre l'exemple de la conférence TEDx cité précédemment. Lorsque vous incarnez la notion d'abandon et avez foi en elle, vous n'avez pas besoin d'imposer des solutions. À chaque fois que vous vous surprenez à vous demander pourquoi quelque chose ne s'est pas produit, levez les bras en l'air, agitez-les et expirez puissamment. Si vous étreignez l'incertitude comme un amoureux perdu de vue depuis longtemps, en étant fermement convaincu que le résultat se manifestera, vous serez carrément subjugué par ce qui va se produire.

L'incertitude, c'est entrer avec grâce dans l'inconnu à chaque instant de notre vie. Parfois, cela peut donner l'impression de prendre place à bord de montagnes russes. Vous vous installez à votre place, observez la barre de sécurité qui se referme sur vous, puis anticipez la vitesse à laquelle vous allez effectuer votre tour de manège. Au démarrage, c'est effrayant et abominable, et il vous arrive de vous demander pourquoi diable vous avez choisi de vous offrir cette folle poussée d'adrénaline, mais vous savez que le tour va prendre fin. Puis vous sortez du manège et riez en vous voyant sur la photo douteuse prise de vous pendant le tour, et cela vous rappelle tout le plaisir ressenti.

Lorsque vous vous appropriez l'incertitude, vous recherchez l'excitation, le plaisir, l'aventure et le mystère associés à toutes les possibilités existantes, même si cela vous fait peur. Une fois face à l'incertitude, vous êtes sur la bonne voie, alors ne lâchez pas l'affaire. Bien que vous ayez vos objectifs et un plan pour les atteindre, vous n'avez pas besoin d'avoir une idée ferme et définitive de ce que vous allez faire la semaine ou l'année prochaine. En fin de compte, avoir conscience que *n'importe quoi* pourrait se produire vous prépare à l'instant présent – on appelle cela bien se préparer.

Se préparer

Lorsque nous nous focalisons uniquement sur le passé ou le futur, et non le présent, nous nous privons de l'instant présent. Être présent est le seul moyen d'avoir conscience des choses et de nous libérer de nos vieux comportements.

Cet état de préparation vous rend plus à même de saisir une occasion susceptible de se présenter. En pratiquant l'art d'être préparé à l'incertitude liée à n'importe quel problème, vous serez armé, sachant pertinemment qu'il en ressortira du positif.

Pensez à l'adage « À quelque chose, malheur est bon ». Si votre vie de couple bat de l'aile, choisissez d'y voir l'occasion d'aplanir les différends ou de trouver un partenaire qui vous conviendra mieux. Si vous êtes sur le point de vous faire licencier, considérez cela comme l'occasion que vous attendiez pour monter l'entreprise de vos rêves ou décrocher un poste avec une meilleure rémunération.

Fort de cet état d'esprit, tout un éventail de possibilités s'offre à vous. Le mystère, l'émerveillement, l'enthousiasme et l'aventure demeurent entiers, même lorsque l'existence vous paraît chaotique. Vous pouvez demeurer vigilant à la survenue d'occasions en étant ancré dans le royaume de l'incertitude. Lorsque votre état de préparation et les occasions se croisent, vous disposez là d'un cocktail propice au succès, car vous êtes convaincu qu'une solution à même de vous être bénéfique va émerger.

Certaines personnes appellent cela de la chance, mais je considère que c'est l'Univers qui vous soutient. La chance n'est que la rencontre entre l'état de préparation et les occasions.

Idées essentielles à retenir

★ Nous pouvons tous exprimer notre gratitude. Cela ne coûte rien et demande très peu de temps. La gratitude est la fréquence de l'amour.

★ Pratiquer la gratitude vous permet d'apprécier l'instant présent et ce que vous avez actuellement, au lieu de souffrir du syndrome « Et ensuite ? ».

★ Marinez chaque jour avec gratitude et faites comme si votre souhait avec déjà été exaucé.

★ Vous en remettre à l'Univers et vous détacher du résultat souhaité vous aide à manifester plus rapidement vos désirs.

★ N'ayez pas peur de l'inconnu. Lorsque vous étreignez l'incertitude, vous étreignez l'*aventure* de la concrétisation de possibilités infinies.

PASSEZ À L'ACTION !

Soyez reconnaissant envers la gratitude

Tenez un journal de la gratitude dans lequel vous consignerez chaque jour cinq choses dont vous êtes heureux. Faites-en un rituel quotidien qui vous permettra de vous ancrer dans l'instant présent. Essayez de penser à des éléments singuliers qui vous permettront d'exprimer votre gratitude profonde.

Fixez-vous comme objectif d'être toujours aux aguets des satisfactions, car cela vous changera la vie et renforcera votre bonheur.

12

Le pouvoir de votre cercle

Arrêtez d'accepter les critiques constructives de personnes qui n'ont rien construit.

Parlons du facteur humain. Que vous soyez introverti, extraverti ou un autre type de « verti », l'humain a un besoin physiologique de se connecter à d'autres humains. Mais le choix des personnes avec qui passer notre temps le plus précieux est d'une importance capitale.

Trouver sa place

La hiérarchie des besoins de Maslow est une théorie de la motivation constituée d'un modèle à cinq niveaux des besoins humains, souvent présentés sous forme de pyramide. Il faut satisfaire les besoins situés à la base de la pyramide avant de s'occuper de ceux des étages supérieurs. En partant du bas, ces besoins sont physiologiques, de sécurité, d'amour et d'appartenance, d'estime et, au sommet, d'accomplissement. L'accomplissement est l'expression pleine et entière du potentiel créatif, intellectuel ou social de la personne, ou de ce que je définis comme la compréhension de votre capacité à être plus ou faire plus. Vous avez alors le sentiment que le moment est venu de réaliser quelque chose d'envergure.

Chaque personne est capable et aspire à grimper cette pyramide jusqu'à l'accomplissement. Malheureusement, il arrive que ce périple soit perturbé par une incapacité à satisfaire les besoins inférieurs. Pour parler prosaïquement, si vous n'avez pas de toit ni de quoi manger, vous aurez beaucoup de mal à réaliser quelque chose de géant.

Mais à ce stade, je souhaiterais traiter le troisième besoin, à savoir le besoin social d'amour et d'appartenance. Pour éviter des problèmes tels que la dépression et l'anxiété, il est important de se sentir aimé et accepté par les autres. Il faut savoir si la satisfaction de ce besoin nous aidera également à connaître le succès. Évoluez-vous avec le bon groupe d'individus afin d'exploiter tout votre potentiel ?

Je me souviendrai toujours d'une période de quatre ans pendant mon adolescence au cours de laquelle j'essayais de trouver mon identité et ma place. Le moment déterminant a été lorsque j'ai décidé d'être gothique, car c'était le style de mes amis. Nous traînions dans Camden Market, à Londres, pour acheter des colliers de chien à clous, des sweats à capuche Nirvana très amples et de l'eye-liner noir. La phase « gothique » est intervenue après la phase « pantalon corsaire rose vif et immenses boucles d'oreilles créoles ». À vrai dire, j'aurais volontiers porté des sacs-poubelle si tout le monde l'avait fait.

Je craignais vraiment de me démarquer, d'être différente ou de me sentir rejetée. Je conçois parfaitement que l'adolescence soit une période d'exploration. Mais dans mon cas, c'était plus une question de conformité et d'appartenance à un groupe. Cela a empiré en vieillissant, au point que je suis passée des vêtements portés par les autres aux drogues consommées par les autres. La recherche confirme étude après étude l'effet considérable provoqué sur nous par nos pairs. Si l'on n'y prend pas garde, le besoin d'appartenance peut nous emmener dans des recoins bien obscurs.

Avant de devenir entrepreneuse, j'ai occupé un poste de commerciale. Chaque jour, je passais des heures à me rendre en voiture de client en client et, après être devenue allergique à ces vieilles chansons diffusées à la radio, j'ai découvert l'univers des livres audio.

Je suis devenue sans vergogne accro au conférencier et entrepreneur américain Jim Rohn. Je passais des heures à l'écouter, bien à l'abri dans ma voiture. Je n'avais jamais imaginé que passer tant de temps avec une personne décédée pourrait m'épanouir à ce point. C'est l'une des premières fois où j'ai commencé à croire que je possédais le pouvoir de changer de vie. Ce qui m'a d'abord frappée, c'est le principe selon lequel nous sommes la somme des cinq personnes avec lesquelles nous passons le plus de temps. Nous sommes simplement des boules d'énergie connectées les unes aux autres. Il est donc tout à fait logique que l'énergie des personnes les plus proches (pas nécessairement géographiquement) ait un impact profond et influe sur notre ressenti et notre façon de gérer notre vie. Par exemple, si vous côtoyez des personnes qui trompent leur conjoint et n'y voient aucun mal, vous risquez d'être influencé et d'en faire autant. Si vous passez votre temps en compagnie de personnes qui sortent chaque week-end pour boire des verres, vous en ferez probablement autant. Appartenir à un cercle néfaste peut avoir des effets subtils mais durables sur votre bonheur et votre réussite.

Comme il est dans la nature humaine de souhaiter entrer dans le moule et être accepté, nous nous conformons tous inconsciemment à ce qui nous semble être une option sans danger. Et nous faisons cela afin de ressentir ce sentiment d'appartenance, même si notre entourage adopte des comportements qui ne sont pas favorables à notre réussite. Bien que nous soyons tous, bien entendu, capables de penser par nous-mêmes, il peut arriver que nous entrions dans le jeu et les règles de ceux qui nous entourent.

L'HISTOIRE DE LA PETITE HIRONDELLE

Un jour, j'ai lu l'histoire d'une petite hirondelle qui se couvrait un œil avec son aile. Une chouette la croisa et lui demanda ce qui n'allait pas. L'hirondelle dégagea son aile, révélant une plaie à la place de son œil. La chouette opina du chef et dit : « Oh, je comprends, tu pleures parce qu'un corbeau t'a crevé l'œil ! » « Non, répondit l'hirondelle, je pleure parce que je l'ai laissé faire. » Cette fable brève mais profonde illustre l'importance d'avoir conscience de l'influence de notre entourage sur notre état mental, émotionnel et spirituel.

Nous avons certes besoin d'être aimés et d'éprouver un sentiment d'appartenance, mais il est tout aussi important de veiller à ce que votre entourage ait un effet positif sur vous et ne vous prive pas de votre vision comme l'a fait le corbeau à la petite hirondelle. Ceux qui nous côtoient au quotidien doivent nous inciter à être une meilleure version de nous-même et nous soutenir en nous acceptant lorsque nous faisons montre de notre moi le plus authentique. La vérité, c'est que vous pourriez très bien freiner inconsciemment votre évolution et avancer péniblement afin de ne pas être renié par votre entourage proche. La question essentielle est la suivante : vous laissez-vous voler vos rêves par les autres ?

Rejoindre un nouveau groupe

Posez-vous la question suivante : les gens qui vous entourent vont-ils soutenir votre périple ? Passent-ils plus de temps à se plaindre et à se livrer à des commérages ou à renforcer votre motivation et à vous inspirer ? Vous font-ils donner le meilleur de vous-même ? Chaque personne émet une vibration qui vous regonfle ou vous épuise. Vous est-il déjà arrivé de penser, alors que vous étiez en compagnie de quelqu'un, « Oh, je ressens des vibrations négatives à ses côtés ? » ou « Elle est vraiment rayonnante » ? Ce sont précisément les vibrations dont je parle.

Nous dégageons littéralement des vibrations et les autres peuvent les ressentir, tout comme l'Univers. Il est impossible de changer la façon de vivre des gens, mais vous avez la possibilité de limiter l'effet qu'ils ont sur vous si ce dernier est négatif. J'aimerais que vous preniez vos responsabilités en sachant que vous pouvez choisir d'évoluer dans un nouveau groupe. Jim Rohn a été la première personne que j'ai choisie au sein de mon groupe. Eh oui, les personnes mortes comptent également. Au quotidien, je passais plus de temps à l'écouter, à le laisser m'inspirer, et les complaintes de mes collègues de travail et les drames de mes connaissances me passaient alors au-dessus de la tête. Si vous n'êtes pas en mesure de vous trouver un groupe physique, constituez-en un grâce aux livres audio ou rencontrez des gens en ligne afin d'étoffer votre cercle de connaissances.

À mesure que vous évoluerez, vous commencerez peut-être à sentir que certaines personnes de votre entourage paraissent différentes. Au gré de votre changement, votre entourage changera peut-être également, parfois positivement et à d'autres moments moins positivement. Au fil de votre périple pour devenir la meilleure version de vous-même, vous commencerez à rayonner à l'intérieur et votre lumière brillera. Elle pourra ainsi inspirer les gens et révéler leurs défauts. Si les personnes de votre entourage vous soutiennent et voient d'un bon œil ce nouveau chapitre de votre existence, c'est merveilleux et cela pourrait les inciter à changer elles aussi. Si elles se mettent à vous ignorer et à se mettre en retrait, c'est leur problème. Et que Dieu pardonne ces gens qui n'aiment pas ce que vous faites ou essaient de vous dissuader – dans ce cas-là, prenez une grande inspiration et poursuivez votre route avec opiniâtreté. En définitive, ce n'est pas parce que les autres n'aiment pas le bruit de votre ambition que vous devez baissez son volume.

Vous avez également le pouvoir de vous débarrasser des personnes à l'origine de drames dans votre vie, même si vous tenez à elles. Cela peut s'avérer le choix le plus difficile à faire. J'ai eu une relation avec une personne que j'aimais de tout mon cœur, mais qui faisait ressortir les pires aspects de ma personne. Ce n'était pas de sa faute, mais je ressentais toujours un certain niveau de tension lorsque j'essayais de me conformer à la personnalité qu'il souhaitait voir adopter par sa petite amie. Mon intuition me disait en permanence qu'il n'était pas l'homme qu'il me fallait, mais mon Ego affirmait que je ne trouverais jamais quelqu'un de mieux. Je passais du bonheur total à des états d'anxiété terribles, de moments merveilleux à des disputes sur fond de beuverie. Mon Âme était constamment en conflit avec mon Ego, ce qui provoquait un chambardement intérieur.

Si c'est la peur qui vous maintient dans une relation, le moment est venu de cultiver votre amour de soi. Votre partenaire amoureux joue un tel rôle dans votre vie et est un membre si important de votre cercle que vous devez le choisir avec la plus grande attention, car il aura un énorme impact sur vous et votre réussite.

En outre, choisissez avec soin les personnes à qui vous confiez vos rêves. Vous est-il déjà arrivé de parler à quelqu'un de vos projets de vie et de vous apercevoir que cette personne vous descend aussitôt en flammes ou vous parle immédiatement des risques encourus ? Si cette personne ne prend pas elle-même en main son développement personnel, elle projettera inconsciemment toutes ses peurs sur vous, car si vous réussissez des choses merveilleuses dans votre existence, elle se sentira inférieure.

À l'heure de vous lancer dans quelque chose de nouveau, il est également tout aussi important de choisir soigneusement les personnes à qui demander conseil. Je n'insisterai jamais assez sur ce point. Souvent, nous cherchons conseil auprès de personnes qui ne sont pas qualifiées pour nous en donner, ce qui ne nous met pas, loin de là, dans les meilleures conditions pour avancer.

L'HISTOIRE DE CARA

Cela faisait des années que Cara souhaitait plus que tout monter son entreprise, animée par la volonté de retrouver sa liberté et d'échapper au train-train quotidien. Mais à chaque fois qu'elle décidait de solliciter un coach, son mari lui disait : « Oh, tu peux te débrouiller seule et économiser de l'argent. Embaucher un coach, c'est jeter l'argent par les fenêtres. » Ne sachant pas quoi faire, elle renonçait systématiquement. L'ironie de l'histoire, c'est que le mari de Cara n'était pas entrepreneur, n'avait jamais travaillé sur lui-même, ni fait appel à un coach. Mais Cara aimait son mari et elle accordait beaucoup d'importance à son opinion. Il n'y avait aucune malice dans l'attitude de son mari. Il essayait simplement en fait d'éviter que sa femme commette une erreur. L'intention était louable, mais cela ne faisait que brider les rêves de Cara.

En fait, ce sont ceux qui nous aiment le plus qui nuisent le plus à nos rêves. Leurs conseils souvent malavisés répondent à une volonté de nous protéger, animée par notre vieille amie la peur.

Cara a mis de côté son rêve pendant des années, jusqu'à ce qu'elle décide de passer à l'action. Et devinez quoi ? Cara est désormais l'heureuse propriétaire d'une entreprise très florissante dont le chiffre d'affaires est de plusieurs centaines de milliers de livres. Les mauvais conseils peuvent mettre votre Âme en friche. Si Cara n'avait jamais franchi le pas, elle vivrait encore une existence sans se sentir libre et épanouie.

L'enseignement à tirer, c'est que, quel que soit votre objectif, vous devez trouver des personnes ayant déjà réalisé quelque chose « de grand ». Trouvez les éléments chez des personnes ayant obtenu ce que vous souhaitez. Elles deviendront votre boussole et une belle source d'inspiration. Peuplez votre cercle d'individus enthousiasmants.

Raccourci vers le succès

Je ne voulais pas d'une vie facile, je ne voulais pas d'une vie confortable, je voulais une vie exceptionnelle. Je suis donc allée chercher des réponses auprès de personnes qui m'inspiraient par la façon dont elles avaient façonné leur existence. J'ai lu des contenus sur des millionnaires, pris des cours avec des experts et fait en sorte d'avoir un meilleur état d'esprit. Je me suis penchée sur les habitudes de personnes ayant réussi et j'ai commencé à les imiter. Voilà comment vous assurer que votre nouvelle identité soit propice au succès.

Quand j'ai démarré mon activité de vente de produits, je n'ai pas effectué de recherches générales sur Google afin d'obtenir des informations, je me suis tournée vers les personnes qui empochaient plusieurs millions par mois en ligne, afin d'acquérir de bonnes pratiques. Quand j'ai commencé mon activité de coaching, j'ai souhaité apprendre des coachs capables d'atteindre le niveau de salaire que je visais et de changer le monde comme j'entendais le faire moi-même. J'ai investi dans l'apprentissage à leur contact, car le mentorat est le raccourci vers le succès.

Si vous souhaitez perdre du poids et être en meilleure santé, faites appel à un coach personnel. Si vous souhaitez devenir un excellent orateur, investissez dans des cours de prise de parole en public. Si vous souhaitez monter votre affaire, embauchez un coach d'entreprise qui a créé avec succès ce genre de structure. Je peux vous assurer qu'il existe là dehors des personnes qui mènent l'activité que vous désirez exercer. Il vous suffit de les trouver. Ce sera la preuve que votre projet est réalisable. Procédez ensuite de la même façon. Arrêtez d'accepter les critiques constructives de personnes qui n'ont rien construit. Ne prenez pas conseil et n'écoutez pas les personnes qui n'évoluent pas dans le domaine que vous visez. Allez directement à la source.

Nous sommes tous des êtres humains. Parfois, nous mettons sur un piédestal les personnes que nous admirons et pensons que ce sont des surhommes. Si une personne vous inspire, rapprochez-vous d'elle et posez-lui vos questions. Dites : « Écoutez, vous m'avez vraiment inspiré. J'aimerais travailler avec vous. Comment pourrais-je avoir la chance d'œuvrer à vos côtés ou de vous avoir comment mentor ? »

N'ayez pas peur de vous investir dans quelque chose que vous souhaitez plus que tout. C'est le secret de toutes les personnes brillantes que j'ai pu rencontrer.

Inspirez, ne donnez pas d'instructions

Si vous parvenez à mettre en œuvre ce que je décris dans ce livre, vous allez commencer à voir se produire des changements, et certaines personnes de votre entourage vont inévitablement vouloir marcher dans vos traces. Il se peut que vous disiez quoi faire à votre partenaire, à vos parents ou à des amis. Mais résistez à cette envie, car inspirer les autres est cent fois plus efficace que leur *donner des instructions.*

J'ai des clients qui me disent toujours que leur partenaire ne comprend pas ce qu'est le développement personnel et qu'ils trouvent frustrant de méditer, d'énoncer des affirmations ou de se fixer des objectifs seuls. La dure vérité, c'est que les gens ne changent que s'ils en ont *envie.* Ils ne peuvent changer que s'ils sont prêts. N'essayez pas de les convertir, sous peine de devenir un moustique évangéliste, et les moustiques sont agaçants. Restez à votre place.

L'HISTOIRE DE JOANNA

Joanna a entrepris de passer à l'action. Elle a monté son entreprise et commencé à mieux gagner sa vie, à s'offrir de belles vacances, à avoir des relations plus satisfaisantes, et on s'est mis à la remarquer. Cependant, quelques personnes gravitant dans son existence ont pris leurs distances, majoritairement des amis qui occupaient le même emploi depuis longtemps et étaient mécontents de leur manque d'épanouissement.

Au lieu de les inspirer, le succès de Joanna leur montrait qu'ils ne désiraient pas changer de vie. Cela explique qu'ils se soient détachés d'elle.

Il n'y a rien à faire à ce genre de situation. Nous devons accepter, leur pardonner et espérer qu'elles reviennent vers nous rapidement, dans leur nouvelle vie. Mais sachez une chose : pour chaque personne ne supportant pas l'éclat de votre vie, vous attirerez quelqu'un qui vous fêtera et vous encouragera pendant votre périple. Vous constaterez que vous attirez très facilement de nouvelles personnes formidables. Mais cela implique parfois malheureusement de dire adieu à d'autres.

Heureux ne veut pas dire avoir raison

Comme évoqué plus haut, vos mots ont le pouvoir d'influer sur votre énergie. Fixez-vous donc comme mission d'avoir également conscience de la manière dont vous parlez des autres. Lorsque vous parlez d'eux en termes négatifs, vous affichez un mauvais karma. Lorsque vous êtes sur la défensive, faites des reproches ou refusez d'accepter ce qui se passe, la résistance entre en scène.

Quand vous faites face à une situation ou personne difficile, rappelez-vous ceci : « Ce moment est comme il doit être. » Devenir la meilleure version de votre moi spirituel implique de renoncer au besoin de convaincre ou de persuader les autres que votre point de vue est le bon. L'Ego veut toujours avoir raison. Si vous regardez autour de vous, vous constaterez que les gens passent beaucoup trop de temps à défendre leur avis, ce qui est une dépense d'énergie inutile. J'aimerais bien mieux être heureuse qu'avoir raison. Et quand nous n'entrons pas dans le jeu de l'Ego, nous accédons à une énorme quantité d'énergie qui peut servir à rendre notre vie meilleure.

Vous vous souvenez de mon propos sur le générateur d'énergie, au chapitre 7 ? Repensez aux fois où les drames de quelqu'un vous ont préoccupé, où vous avez repensé à une conversation qui a mal tourné, où vous étiez obsédé par l'argent, une promotion, un message laissé par un(e) ex ou une expérience horrible vécue un an en arrière. Eh bien, à chaque fois que vous êtes obsédé négativement par un collègue qui ne fait pas correctement son travail ou par un(e) ex qui vous a brisé le cœur, vous libérez l'un de vos cordons énergétiques et laissez cette personne vous pomper votre énergie.

Vous gaspillez votre pouvoir, car à cet instant, votre fréquence vibratoire diminue, tout comme vos chances de changer de vie. Rappelez-vous que vous contrôlez totalement vers qui et quoi diriger vos cordons énergétiques. Certains tariront votre réservoir d'énergie, tandis que d'autres le rempliront.

Choisissez de passer du temps avec les personnes qui vous comblent et avec qui vous pouvez vraiment être vous-même. Elles font partie de votre groupe. Choisissez des personnes qui vous font rire. Le rire génère de l'énergie. Pensez à nourrir vos relations, sous peine qu'elles meurent, comme le font les plantes non soignées. Prenez le temps de choisir un groupe qui vous porte, puis engagez-vous à témoigner à leurs membres toute votre gratitude.

Idées essentielles à retenir

- ★ Votre besoin de trouver votre place peut l'emporter sur votre grandeur, car il peut vous inciter à rester auprès de personnes vous empêchant d'évoluer.
- ★ Entourez-vous de personnes qui vous inspirent. Elles ne doivent pas forcément être encore vivantes ou physiquement présentes autour de vous.

★ À mesure que vous progressez dans votre existence, il se peut que vous voyiez plus grand que votre entourage, et il n'y a aucun mal à cela.

★ N'ordonnez pas à votre entourage de changer. Inspirez-les en changeant vous-même et en étant radieux en leur présence.

★ Gardez votre énergie pour les choses importantes : être heureux est plus important que le petit jeu de l'Ego qui veut toujours avoir raison.

PASSEZ À L'ACTION !

Coupez ces cordons

Si une personne présente dans votre vie vous épuise mentalement ou émotionnellement, le moment est venu de vous libérer de son emprise et de couper le cordon énergétique. Il est parfois facile de se débarrasser « physiquement » d'une personne, mais elle occupe ensuite tellement notre esprit que cela reste épuisant. Il arrive que nous ne puissions pas nous débarrasser « physiquement » d'une personne, car il s'agit d'un proche, mais nous souhaitons malgré tout éliminer cet effet épuisant. La tâche du présent chapitre consiste justement à récupérer la maîtrise de vos cordons énergétiques.

La première chose à faire est de passer en revue les personnes qui vous épuisent. Traitez une personne à la fois. Le premier moyen de recalibrer votre énergie consiste à lui pardonner ce qu'elle a pu faire. Lorsque nous choisissons de pardonner au lieu de garder rancune, nous libérons l'énergie stagnant dans notre corps qui empêche la magie d'opérer.

Rédigez une lettre dans laquelle vous lui pardonnez. Faites disparaître tout ressentiment, colère et peine, en sachant qu'elle est entrée dans votre vie pour vous apprendre à devenir une meilleure personne. Elle est votre leçon.

Une fois que vous lui avez pardonné, allez sur *www.noorhibbert.com/book* et écoutez la méditation du cordon coupé (Cutting cords meditation) pour vous aider à vous détacher d'elle sur le plan énergétique.

13

Ne vous contentez pas de le dire, martelez-le

Comme pour faire décoller une fusée ou effectuer la danse de l'otarie, vous devez vous mettre en mouvement avant que la peur ne vous en dissuade.

Un soir, après un verre de prosecco de plus, j'ai eu une révélation. Je me suis dit que tout le monde souhaitait changer de vie d'une manière ou d'une autre, mais que la plupart des gens passaient le plus clair de leur temps à attendre que ce changement se produise comme par magie. L'une des meilleures excuses que j'entends sans arrêt est la suivante : « J'attends le bon moment », ce qui signifie en fait « J'ai peur ».

Cela m'a rappelé que lorsque je suis soûle, je n'ai pas peur – en fait, la plupart des gens ont tendance à faire ce qui leur chante quand ils sont en état d'ébriété. Mes inhibitions sont alors moins puissantes et, la plupart du temps, malheureusement, je fanfaronne. Le lendemain matin, je souffre plus que d'une simple gueule de bois – la peur m'envahit, du style : « Oh merde, qu'est-ce que j'ai fait ? » Je pense que le pompon, c'est quand, le jour de mon mariage, j'ai décidé de me jeter au sol et de rouler sur le côté comme une otarie, dans ma robe de mariée. Et je peux vous dire que cela s'est mal terminé.

Quel que soit le caractère ridicule de mon comportement ce jour-là, il existe une leçon à en tirer. Nous avons tous besoin d'être un peu ivre dans l'existence et de ramper sans vergogne comme une otarie jusqu'à la concrétisation de nos rêves. Plein de gens font de beaux discours sur ce qu'ils veulent faire mais s'arrêtent avant de passer au gros du travail, pas toujours évident, pour que leur rêve devienne réalité.

Mais comment se fait-il que nous tuions nos objectifs comme un ninja impitoyable ? Tout d'abord, nous avons tous besoin d'arrêter de viser la perfection et de vouloir toujours avoir raison. Je n'ai pas réfléchi à la manière d'imiter l'otarie sans abîmer ma robe qui coûtait un bras. Je me suis tout simplement jetée par terre, mise sur le côté, puis j'ai commencé à rouler. Il n'y avait pas de plan B. Je voulais à tout prix faire mon numéro nuptial.

Pour connaître le succès dans tous les domaines de votre existence, il faut être capable d'agir sans trop réfléchir. Comme pour faire décoller une fusée ou effectuer la danse de l'otarie, vous devez vous mettre en mouvement avant que la peur ne vous en dissuade. Une fusée ne décolle pas pour ensuite s'arrêter et se demander si elle doit *continuer* de grimper dans le ciel. Elle décolle, tout simplement… quelles que soient les conséquences. Lorsqu'une idée vous passe par la tête ou un désir naît en vous, vous devez rapidement vous mettre en mouvement car, si vous ne le faites pas, votre cerveau va se mettre à trouver des tas de raisons de ne pas bouger.

Pourquoi ? Car, comme vous devez le savoir maintenant, votre cerveau est conçu pour que vous soyez en sécurité et à l'aise.

Une fois le décollage effectif, vous sentez une incroyable dynamique s'installer. Et la dynamique génère plus de dynamique encore. La première loi du mouvement de Newton stipule que des objets immobiles ont tendance à rester immobiles, tandis que les objets en mouvement ont tendance à rester en mouvement. La clé est donc de demeurer en mouvement, même si cela s'avère difficile au départ. Mettez-vous en mouvement et la dynamique fera son œuvre dès le début. Il vous suffit ensuite de suivre… le mouvement.

Agir... et vite !

Lorsque la dynamique s'installe et que vous réalisez que vous êtes à la barre de votre navire, la peur peut vous saisir. Vous rencontrerez des situations qui vous mettront en difficulté. C'est inévitable, car ce sont les défis et difficultés qui permettent d'avancer et d'évoluer.

Face à une nouvelle situation, notre cerveau se comporte comme Google. C'est comme s'il saisissait au clavier la nouvelle activité, puis lançait une recherche pour trouver des informations pertinentes. Et s'il s'agit d'une situation totalement nouvelle, comme la création d'une entreprise ou la naissance d'une relation, le cerveau ne dispose d'aucune donnée en la matière. Il ne voit donc que les risques, car il ne dispose pas de données pertinentes pour vous fournir un cap bien défini.

Il se met à communiquer avec votre système nerveux, qui vous dit de rester à l'écart en vous faisant peur. Ou il sort des informations en lien avec des expériences passées qui n'ont pas de rapport avec la situation à vivre, ce qui va inconsciemment déclencher des émotions négatives.

C'est comme ces effrayants messages vraiment agaçants, « Vous avez un virus », qui apparaissent à l'écran de nos ordinateurs. Pour que votre vie soit extraordinaire, vous devez agir avant que ce message dangereux surgisse sur votre écran mental. La vérité, c'est que l'inconnu accompagne chaque chose nouvelle, mais comme nous l'avons déjà évoqué, plonger dans l'inconnu et avoir confiance dans le soutien de l'Univers vous permettra de vous rapprocher de la concrétisation de vos désirs.

En outre, si la mise en action ne se fait pas suffisamment rapidement, vos émotions se retrouvent mêlées à la prise de décision. Les travaux de recherche menés par le spécialiste des neurosciences portugais António Damásio ont montré que 95 % de nos décisions sont en fait régies par nos émotions et non les faits. Il dit ainsi que l'être humain éprouve d'abord des émotions, puis agit dans un second temps, et non le contraire. Cela explique pourquoi, souvent, nombre de personnes n'agissent carrément pas, car « elles ne le sentent pas ». Pour contrer ce phénomène, agissez, et vite !

L'HISTOIRE DE BEN

Parlons de Ben. Il n'arrêtait pas de se plaindre de ne jamais être capable de prendre les décisions susceptibles de faire prospérer son entreprise. (Pour votre information, prendre des décisions – même si elles ne s'avèrent pas judicieuses – est l'une des caractéristiques communes à toutes les personnes qui réussissent.) Ben avait l'habitude de dire qu'il avait simplement besoin de faire les choses parfaitement et que ce n'était pas le bon moment. Lorsque je l'ai interrogé sur ce qu'il fallait précisément pour atteindre cette perfection, il a admis que toutes les conditions étaient réunies, mais qu'il craignait de ne pas faire les choses « de la bonne manière ». Juste avant d'exécuter une tâche qu'il trouvait difficile, effrayante ou empreinte d'incertitude, il hésitait. Ben était un champion de la procrastination.

La malédiction des deux P

La procrastination et le perfectionnisme sont deux véritables fléaux. Ils n'ont aucun rapport avec les capacités. La procrastination est un moyen de libérer la tension. Si vous procrastinez, vous devez comprendre quel type de stress vous souhaitez éviter. Et pour la plupart des gens, il s'agit de la peur du résultat final. J'ai expliqué à Ben qu'à chaque fois qu'il hésitait, l'icône signalant un virus et destiné à l'arrêter se mettait à clignoter sur son écran mental. Et boum, ses plans étaient alors de nouveau contrecarrés. Son inaction était une sorte de mécanisme de protection – c'était comme une grosse armure qui assurait sa sécurité, mais le ralentissait également dangereusement. Lorsque nous procrastinons, cela nous empêche d'échouer, mais regardons les choses en face, échouer fait autant peur qu'agir.

L'HISTOIRE DE KATIE

Katie détestait mal faire. Quand les choses ne tournaient pas comme elle le souhaitait, elle ne se sentait pas à la hauteur. Elle se qualifiait dangereusement mais avec fierté de perfectionniste, comme si c'était une bonne chose. Il n'y a aucun mal à souhaiter cultiver un excellent niveau dans tout ce que vous faites, mais si un élément échappait au contrôle de Katie, l'anxiété faisait son apparition. L'incertitude lui faisait tellement peur qu'elle souhaitait disposer d'une garantie avant d'innover. Elle voulait être certaine de faire mouche avant de tirer – parfaitement. Elle détestait le malaise qui s'emparait d'elle en cas d'échec, à cause de ce qu'elle avait vécu étant jeune, et l'évitait donc comme la peste.

Le perfectionnisme est simplement la peur qui se présente sous des atours trompeurs. Il peut passer pour une chose dont on peut être fier, mais une fois devenu perfectionniste, vous pouvez vous retrouver coupé dans votre élan car, malgré les apparences, c'est une source de souffrance. On se saborde à cause de son inaction et on a une excuse toute trouvée : « Il faut que ce soit parfait. » Une action loin d'être parfaite est bien plus efficace que l'immobilisme.

Les excuses que vous trouvez n'en seront pas moins vraies demain, la semaine prochaine ou dans six mois. Si vous démarrez avant d'être prêt et renoncez au besoin de vous préparer avant d'agir, je vous promets que vous n'êtes plus qu'à une seule décision du changement de vie. Il vous suffit de passer à l'action.

Il ne se passe rien d'enthousiasmant dans votre zone de confort

Vous devez vous approprier l'échec et ne pas avoir peur de ses claques quotidiennes. Renforcez vos muscles de l'échec de manière à pouvoir répliquer à chaque fois que les choses ne se passent pas précisément comme vous l'aviez prévu. La peur d'échouer vous place dans une position de totale faiblesse. Un coup porté par l'échec vous enverra au tapis si vous ne devenez pas ami avec lui. Mais si vous vous relevez et reprenez le combat, vous deviendrez de plus en plus fort, et la douleur provoquée par les coups de l'échec se dissipera.

Je vous implore donc de vous planter chaque jour. Ce sera la preuve que vous fournissez tous les efforts nécessaires pour réaliser vos rêves. Ne craignez pas l'échec, ayez plutôt peur de vous retrouver coincé au même endroit dans cinq ans. Après être monté sur le ring suffisamment de fois pour affronter l'échec, vous l'étreindrez comme si c'était un ami de longue date, et la pluie de coups cessera, car lorsque vous serez devenus les meilleurs amis du monde, vous ne le combattrez plus en permanence. Comme dans n'importe quel sport, il faut d'abord être débutant avant de progresser jusqu'à la victoire. Vous voyez donc qu'il n'existe aucun intérêt à vous cantonner à votre zone de confort.

Un jour, on m'a demandé de réaliser un pilote pour une émission de télévision. Lorsque j'ai lu le projet, je dois avouer que j'ai eu un nœud à l'estomac. J'étais supposée aller frapper chez des inconnus le samedi à huit heures du matin afin de leur demander s'ils accepteraient de monter une entreprise sous le regard d'une caméra. Premièrement, je n'avais jamais participé à une émission de télévision. Deuxièmement, il n'y a rien de tel qu'être filmée en train de faire du démarchage pour vous donner envie de vomir. Et troisièmement, je sentais qu'un de mes grands rêves était peut-être en train de se réaliser, et c'était très éprouvant pour les nerfs. La pression était à son maximum.

Qu'ai-je donc fait dans ces conditions ? Eh bien, j'ai commencé par me poser la question suivante : « Pourquoi ai-je peur ? Quelle est cette histoire débile qui m'empêche de toquer chez les gens ? » Affrontez votre peur et essayez de lui trouver une explication logique. Je devais occulter tout le bruit généré par mon cerveau qui se souciait des risques et diffusait de la peur. Je me demandais également si j'étais à la hauteur de la tâche et je craignais que les gens me claquent la porte au nez en m'injuriant. Mais lorsque j'ai réfléchi à ce que cela m'apporterait, par rapport aux risques encourus, j'ai su que je devais voir la situation avec les yeux d'une femme courageuse.

Dans ma jeunesse, je buvais pour me donner du courage, et la bière m'offrait la protection nécessaire pour avoir le cran de faire ce que je souhaitais. Eh bien, j'ai dit adieu à cette protection houblonnée une fois âgée de la trentaine et investi dans une nouvelle protection contre la peur. Un jour, j'ai regardé un film dans lequel un père offrait des lunettes de soleil à son fils, pour son premier jour dans sa nouvelle école, en lui disant qu'elles le rendraient invisible, afin qu'il se rende en classe armé de toute la confiance nécessaire. Le matin, je me suis adonnée à une bonne séance de tapotements (voir chapitre 5) afin de diminuer mon anxiété. Et à huit heures, j'étais prête à conquérir le monde.

Je me suis dirigée vers la première porte, j'ai pris une grande inspiration afin de diminuer l'intensité des battements frénétiques de mon cœur et 3, 2, 1… toc toc toc. Personne. Dieu merci, ai-je pensé. Mais je l'avais fait : j'avais cogné à la porte. Et je peux confirmer que chaque action courageuse modeste renforce votre courage, et, à la fin de la journée, je toquais fièrement aux portes avec enthousiasme et conversais avec de parfaits inconnus. Je suis ravie de vous signaler qu'en dépit du grand nombre d'hommes torse nu de 60 ans m'ayant ouvert, je ne me suis jamais fait insulter. #victoire.

Le courage est puissant. Il s'autoalimente, grandit, puis s'immisce dans d'autres domaines de votre vie et vous rapproche de l'accomplissement de votre rêve extraordinaire. Quelle est cette chose que vous redoutez de faire, mais dont vous savez qu'elle vous rapprochera de l'atteinte de vos objectifs ? La concrétisation de cette vie extraordinaire dépend de votre faculté à sortir de votre zone de confort et à prendre la vie à bras-le-corps, même si la peur vous saisit. N'oubliez pas que vous pouvez revêtir à tout moment cette protection contre la peur, et si vous me dites que vous n'en avez pas, je peux toujours vous prêter la mienne.

Tout roule dans la nature

Si vous réfléchissez au mode de fonctionnement de la nature, vous constaterez que tout est facile et fluide. Les arbres n'essaient pas de pousser, ils le font, tout simplement. Les oiseaux n'essaient pas de voler, ils volent. Les poissons n'essaient pas de nager, ils nagent. C'est dans leur nature. Et ma mission est de vous faire comprendre que manifester nos rêves sous une forme physique, facilement et sans efforts, est naturel pour l'être humain. J'aime appeler cela l'accomplissement d'un miracle.

Lorsque votre vie commence à déchirer et que vous essayez d'accomplir vos objectifs, n'oubliez pas de prendre du plaisir et de garder à l'esprit que vous n'êtes pas obligé de souffrir pour parvenir à vos fins. C'est même carrément le contraire. Cela doit se faire dans une fluidité totale, à l'image de la nature. La réussite se profile facilement lorsque nous empruntons la voie dénuée de toute résistance. Cela ne signifie pas chercher à demeurer à l'aise ou éviter de sortir de votre zone de confort. Il s'agit d'écouter votre Âme et de prendre les mesures appropriées vers l'accomplissement de vos rêves.

Veiller à ce que le plaisir soit présent dans tout ce que vous faites et à ce que tous vos actes soient motivés par l'amour vous sera très utile dans votre quête d'une vie merveilleuse et facile. Vous constaterez que vous pouvez en faire moins et obtenir plus. Ce n'est pas une invitation à la paresse. Cela implique de faire les choses qui vous animent et vous regonflent afin d'obtenir les résultats souhaités. Comme indiqué précédemment, l'Univers est un incorrigible romantique et la nature est remplie de l'énergie de l'amour.

N'oubliez pas, l'amour n'est pas le mode de fonctionnement par défaut de l'Ego. C'est quand l'attention est dirigée vers l'Ego que vous consommez le plus d'énergie, que vous risquez de vous épuiser et de ne pas connaître le bonheur auquel vous aspirez tant. Lorsque votre point de référence interne est l'Ego et que vous cherchez à dominer et contrôler les autres ou souhaitez leur approbation, vous gâchez votre énergie. Mais si vous demeurez axé sur la joie et motivé par l'amour, vous créez de l'énergie qui peut ensuite être canalisée afin de générer tout ce que vous voulez.

Engagez-vous à emprunter la voie de l'absence de résistance en menant des activités et en ayant des pensées créatrices de joie. Si votre objectif est de perdre du poids et que vous détestez courir, la course à pied est alors la voie de la résistance maximale pour maigrir. Trouvez quelque chose qui vous permet d'être en phase avec le canal de la joie, par exemple un cours de danse, de trampoline ou la natation, car ces solutions vous aideront à atteindre dix fois plus vite votre objectif.

Si vous essayez de monter une entreprise, cherchez vos talents uniques et ce qui est facile et naturel pour vous. Restez axé sur votre voie de prédilection. C'est dans la joie que vos rêves se manifesteront spontanément, sans friction ni effort. Cessez de vous comparer aux autres, immunisez-vous contre les critiques, relevez des défis et exploitez le pouvoir de l'amour afin d'utiliser cette énergie pour créer ce qui vous tient à cœur ! Mais surtout, sachez bien si vos pensées vous aident ou vous freinent et procédez le cas échéant aux ajustements nécessaires.

Idées essentielles à retenir

- ★ La dynamique deviendra votre meilleure amie. Restez donc dans le mouvement, même si c'est à coups de modestes avancées.
- ★ Les difficultés font grandir : n'ayez pas peur d'elles, car c'est en évoluant en dehors de votre zone de confort que vous progresserez vraiment.
- ★ Une action imparfaite vaut mieux que l'immobilisme.

- ★ Imprégnez-vous de la notion d'échec au lieu de la redouter et appréciez le chemin à parcourir, même s'il vous fait peur.
- ★ Engagez-vous à suivre la voie dépourvue de résistance en privilégiant les pensées et actions qui vous rendent heureux.

Passez à l'action !

Cultivez votre courage

Dans ce tout dernier exercice « Passez à l'action ! », je souhaite que vous vous poussiez à faire une chose qui vous met très mal à l'aise.

J'avais l'habitude de jouer au jeu des « fourmis mortes ». J'aimerais pouvoir dire que c'était pendant mon enfance, mais en fait j'avais alors la vingtaine quand j'ai découvert ce jeu. Nous étions dehors, et si quelqu'un criait « Fourmis mortes ! », on devait se mettre au sol sur le dos et agiter les bras et les jambes en l'air. C'était assurément très spectaculaire, et la première fois que vous vous tortillez ainsi à terre, la gêne s'empare de vous. Mais on se prenait ensuite à rire à gorge déployée face au ridicule de la situation. Puis on se relevait en pensant « Eh bien, ça ne m'a pas tuée » et on poursuivait notre petit bonhomme de chemin.

Il n'est pas particulièrement acceptable socialement de s'allonger en plein milieu de la rue pour jouer à l'insecte mort, mais à chaque fois que je participe à une activité repoussant les limites sociales « normales », je sens croître mon courage et ma confiance.

Dans cet exercice, le moment est donc venu d'échauffer vos muscles de l'échec et d'avoir le courage de faire une chose qui vous fait peur. Quelle action vous êtes-vous empêché de faire jusqu'à présent ? Que pouvez-vous accomplir aujourd'hui pour vous rapprocher de la réalisation de votre rêve ? Que pouvez-vous faire d'idiot, de ridicule et de gênant ? Repoussez vos limites. Sortez vous allonger par terre comme une fourmi morte s'il le faut. Dites à quelqu'un de prendre une photo et publiez-la sur les réseaux sociaux.

Et puis flûte, j'en ferai autant ! Ouais, je suis à vos côtés.

Mais pour l'amour de Dieu, passez à l'action et faites quelque chose. C'est la condition indispensable pour vivre une vie extraordinaire.

Épilogue : *Namaste*

Nous voilà parvenus au terme de notre périple commun et je souhaiterais que vous réfléchissiez à une question essentielle… POURQUOI ? Pourquoi effectuer ces exercices ? Pourquoi faire preuve de grandeur et partir à la conquête de vos objectifs avec enthousiasme ? Eh bien, je vous répondrai… *pourquoi pas* ?

Qu'avez-vous à perdre ? Pourquoi ne pas devenir cette personne bénéficiant de l'argent que vous désirez, du corps dont vous rêvez, de la relation qui vous anime ? Pourquoi pas maintenant ? Qu'attendez-vous ? Agissez MAINTENANT.

N'attendez pas demain pour mettre en œuvre des changements dans votre existence. N'attendez pas demain pour renoncer au sucre. N'attendez pas demain pour enfin créer votre entreprise. N'attendez pas demain pour prendre des cours de salsa au Brésil. Quelle que soit la chose qui vous fait vibrer, vous n'avez qu'à vous donner la peine de vous la procurer en vous branchant sur la fréquence de l'Univers et en progressant avec grâce moyennant un plan d'action.

Et gardez à l'esprit que la réussite ne s'obtient pas du jour au lendemain. En psychologie, il existe un concept baptisé privation relative. Il s'agit de la perception d'être moins bien loti que les personnes auxquelles vous vous comparez. Ce sentiment peut mener aux affres de la comparaison dont je parle au chapitre 4. La plupart d'entre nous comparent leur quotidien au boulot acharné abattu par quelqu'un d'autre pendant vingt ans. Nous ne voyons pas tout le travail ou les sacrifices consentis, en coulisses, par cette personne. N'ayez pas peur de prendre en compte les efforts menés, car cela a beau tenir du cliché, la réussite n'est pas l'étape finale du périple à accomplir. La réussite est la personne que vous devenez à l'issue dudit périple. La magie opère lorsque vous progressez et affichez la meilleure version de vous-même sans prendre un air contrit.

Comme expliqué précédemment, lorsque vous sentez l'envie naître en vous quand vous observez quelqu'un, servez-vous positivement de ce sentiment en estimant que l'Univers vous rappelle un désir parfaitement légitime. Mais ne croyez pas que cela va vous tomber tout cuit dans le bec, car la plupart des gens brillants dont j'ai parlé n'ont pas ménagé leur peine pour parvenir à leurs fins et ont mis leur cœur sur la table. Soyez prêt à œuvrer pour la réalisation de vos rêves et acceptez que cette démarche soit source d'inconfort. Mais le jeu en vaut vraiment la chandelle.

Laissez le pouvoir de votre esprit et celui de l'Univers créer votre vie idéale. Soyez assuré que vous disposez d'une imagination suffisamment formidable pour vous façonner une existence dépassant vos attentes les plus folles. Engagez-vous à dépasser vos croyances limitantes, à battre en brèche toutes vos peurs et à prendre les choses en main. Cessez de vous préoccuper des choses sans importance de la vie. Faites plutôt en sorte de provoquer la magie. La réussite est votre droit absolu. N'oubliez pas d'axer votre existence sur l'amour afin de mettre votre Âme aux commandes et d'être connecté à Radio Univers. Et si quelqu'un vous dit que vous n'êtes pas capable de faire ce dont vous rêvez, faites-le plutôt deux fois qu'une et prenez un selfie.

Les moments passés ensemble, votre périple spirituel et votre transformation psychologique ne s'arrêtent pas là. J'ai créé des outils qui vont bouleverser votre existence afin de vous aider à rester concentré et à garder la motivation nécessaire pour devenir la meilleure version de vous-même – vous les trouverez à l'adresse suivante : *www.noorhibbert.com/book* (en anglais).

La vie vous mènera vraiment vers le plus grand spectacle existant sur Terre – êtes-vous prêt à prendre place à côté de moi au premier rang ?

Noor

Lectures complémentaires

Brand Russell, *Rédemption d'un con : Comment se libérer de nos addictions ?*, traduit par Frédérique Corre Montagu, Paris, Leduc Pratique, 2019.

Dyer Wayne W., *Le Pouvoir de l'intention : Apprendre à cocréer le monde à votre façon*, traduit par Christian Hallé, Varennes, AdA, 2004.

Gilbert Elizabeth, *Comme par magie : Vivre sa créativité sans la craindre*, traduit par Pascal Loubet, Paris, Calmann-Lévy, 2016.

Grout Pam, *E^2 : 9 expériences toutes simples qui prouvent que vos pensées créent votre réalité*, traduit par Dominique Chichéra-Mangione, Paris, Guy Trédaniel, 2014.

Hill Napoleon, *Pensez et devenez riche*, traduit par Danielle Lafarge, Paris, Alisio, 2018.

Ravikant Kamal, *Love Yourself Like Your Life Depends on It*, ebook, 2012.

Rinpoche Sogyal, *Le Livre tibétain de la vie et de la mort*, traduit par Gisèle Gaudebert et Marie-Claude Morel, Paris, Librairie générale française, 2005.

Rohn Jim, *The Art of Exceptional Living*, livre audio, Nightingale Conant, 1994.

Rohn Jim, *Stratégies de prospérité,* Brossard, Un monde différent, 2015.

Remerciements

Un nombre incalculable de personnes merveilleuses m'ont aidée à faire de ce livre une réalité.

Tout d'abord et avant tout, un immense merci du fond du cœur à mon mari et meilleur ami Richard, qui n'a de cesse de me soutenir depuis toutes ces années. Merci de tolérer toutes mes idées folles, de m'aider à croire en moi lorsque je doute et d'être le meilleur des pères pour nos filles. Cela m'a permis de m'adonner à mon art et de créer mon activité. Et merci de m'aimer et de me le prouver au quotidien.

Merci à mon incroyable père, qui a toujours été une source de soutien et ma boussole morale dans la vie. Je te suis très reconnaissante pour tout ce que m'a appris notre relation et notre évolution commune au fil des ans. J'ai découvert beaucoup de choses sur moi grâce à toi et je te remercie de m'autoriser à partager à travers ce livre les connaissances acquises.

Merci à mon incroyable agent littéraire et amie Jessica Killingley, de l'agence BKS. L'Univers a fait en sorte de nous réunir. Je n'ai pas de mots pour décrire la gratitude qui m'anime d'avoir ainsi cru en moi. Sans toi, j'ignore si ce livre existerait aujourd'hui. Et merci à James et Jason, les deux autres tiers de l'agence, de m'avoir soutenue avec bienveillance pour faire de cet ouvrage un succès.

À mon éditeur Jonathan, personne adorable, gentille et drôle, qui s'est imposé en mon nom pour transmettre mon message au monde, avec mes mots. J'adore te rendre visite. Et merci à Nicola et au restant de l'équipe de John Murray Learning pour m'avoir aidée à transformer ce contenu en tout cohérent. Travailler avec toi a été un immense plaisir.

Enfin, merci aux femmes incroyables qui ont été mes clientes ces dernières années. Je vous dois beaucoup, car vous m'avez laissée vous accompagner dans vos périples et vos histoires. Sans vous, mon activité n'existerait pas. Je vous souhaite du fond du cœur tous les succès possibles.

À propos de l'autrice

Noor Hibbert est coach de vie et d'entreprise, entrepreneuse en série, conférencière spécialiste de la motivation, autrice, mère et une sacrée championne de la spiritualité.

Noor possède un diplôme de psychologue et un DEA de coaching d'entreprise, ainsi qu'un autre DEA de psychologie du coaching.

C'est une praticienne confirmée certifiée par le Conseil européen du coaching, du mentorat et de la supervision (EMCC).

Elle a créé en tout juste trois ans deux entreprises dont le chiffre d'affaires est de plusieurs centaines de milliers de livres, tout en élevant trois enfants en bas âge et en se lançant dans un périple spirituel qui a dynamisé sa réussite.

Elle voyage régulièrement aux quatre coins du monde et anime des événements aux États-Unis et au Royaume-Uni.

Passez à l'action – écrivez !

★ ....

....

....

....

....

....

....

....

★ ....

....

....

....

....

....

....

....

....

....

....

....

....

....

....

★ ....

....

....

....

....

....

....

....

....

....

....

....

....

....

....

....

....

....

....

....

....

....

....

....

....

....

....

....

....

.... ★

★ ....

....

....

....

....

....

....

....

....

....

....

....

....

....

....

★ ....

....

....

....

....

....

....

....

....

....

....

....

....

....

....

Table des matières

Cet ouvrage est composé de matériaux issus de forêts bien gérées certifiées FSC®, de matériaux recyclés et de matériaux issus d'autres sources contrôlées.

Le Forest Stewardship Council® est une organisation internationale non gouvernementale qui encourage une gestion écologiquement adaptée, socialement bénéfique et économiquement viable des forêts de la planète. Pour en savoir plus, consultez le site *www.fsc.org*

FSC
www.fsc.org
MIXTE
Papier | Pour une gestion forestière responsable
FSC® C022829

Achevé d'imprimer en février 2023
sur les presses de la Nouvelle Imprimerie Laballery
58500 Clamecy
Dépôt légal : mars 2023
N° d'impression : 301174

Imprimé en France

La Nouvelle Imprimerie Laballery est titulaire
de la marque Imprim'Vert®